COCINA
FRESCA y LIGERA

fotografía de William Meppem

Título original: *Fresh & Light*
Traducción: Laura Paredes Lascorz
1.ª edición: octubre, 2017

© Por el texto:2012, Donna Hay
© Por el diseño: 2012, Donna Hay
© Por las fotografías: 2012, William Meppem
Publicado originalmente en 2012 por HarperCollins
PublishersAustralia Pty Limited, Sídney
Este libro ha sido negociado a través de Bookbank, S. L.,
Agencia Literaria
© 2017, Sipan Barcelona Network S.L.
Travessera de Gràcia, 47-49. 08021 Barcelona
Sipan Barcelona Network S.L. es una empresa
del grupo Penguin Random House Grupo Editorial, S. A. U.
Author and styling: Donna Hay
Art direction and design: Chi Lam
Copy editor: Melanie Hansche
Recipe testing: Hannah Meppem

Printed in Spain
ISBN: 978-84-666-6218-5
DL B 18628-2017

Impreso por EGEDSA

donna hay

COCINA FRESCA y LIGERA

Más de 180 recetas y sabrosas ideas para encontrar el equilibrio perfecto

SUMARIO

* Los ingredientes señalados con un asterisco tienen una entrada en el glosario

INTRODUCCIÓN

Nunca he sido aficionada a las dietas y ni siquiera me gusta la idea de que la gente las haga. De modo que este libro no propone ninguna. Para mí, siempre ha sido una cuestión de equilibrio, y *Cocina fresca y ligera* es mi respuesta a mis propios esfuerzos por conseguir ese equilibrio perfecto. Trata sobre cómo dar a la comida un toque sabroso, pero más ligero, que deja espacio a las pequeñas satisfacciones de la vida.

Pensado para complementar mi repertorio ya existente, está lleno de nuevas recetas que combinan los ingredientes más frescos, los productos básicos de la despensa y unos cuantos trucos personales para dar un enfoque más ligero a los platos. Dividido por comidas, *Cocina fresca y ligera* está lleno de alimentos potentes que te aportarán la energía que realmente necesitas a lo largo de la semana. Con la atención puesta en las hortalizas, los cereales y las proteínas, he utilizado ingredientes como la harina integral y los cereales integrales que tal vez tengas que buscar en tiendas de dietética, pero vale la pena. Son ricos y saludables.

Todos tenemos placeres pecaminosos. Este libro no pretende privarte de ellos. Te permite disfrutarlos y es para esas veces que buscas algo un poco más virtuoso. Y esta es realmente la mejor clase de satisfacción: la equilibrada. Espero que este libro te ayude a encontrar el tuyo. Como siempre, ¡feliz cocinado!

LIBRO ELECTRÓNICO

Si bien jamás perderé mi pasión por la letra impresa y la naturaleza táctil de un libro, la versión digital me apasiona en la misma medida. Me complace enormemente que *Cocina fresca y ligera* sea mi primer libro disponible en formato digital. Con modos de cocinado paso a paso, la presentación de cada receta está dividida en pasos que se agrandan para que el usuario pueda seguir fácilmente sus indicaciones mientras cocina. Para una exclusiva vista previa del libro electrónico visita *donnahay.com*

Donna

DESAYUNOS

Todos sabemos lo FÁCIL que es saltarse el desayuno. A veces parece bastar un café
tomado a la CARRERA. (¡Yo lo había considerado el desayuno de los campeones!)
Así que este es mi antídoto contra todos esos desayunos perdidos. A continuación
encontrarás caprichos RÁPIDOS, llenos de energía y NUTRITIVOS,
que puedes tomar en un santiamén, así como comidas más SUSTANCIOSAS
llenas de cereales integrales, proteínas y muchísimo sabor.

BARRITAS DE DESAYUNO

TORTITAS INTEGRALES DE MIEL *y* RICOTTA

BARRITAS DE DESAYUNO

¾ taza (65 g) de copos de avena
¼ taza (20 g) de almendras laminadas
¼ taza (35 g) de semillas de girasol
¼ taza (25 g) de copos de quinoa*
2 cucharadas de germen de trigo*
⅔ taza (100 g) de harina integral sin levadura*
½ cucharadita de levadura en polvo
⅔ taza (120 g) de azúcar moreno
1 cucharadita de canela en polvo
½ taza (125 ml) de aceite vegetal o de colza
1 huevo
1 cucharadita de extracto de vainilla
1 taza (130 g) de arándanos rojos secos

Precalentamos el horno a 160 °C. Introducimos la avena, las almendras, las semillas de girasol y los copos de quinoa en una bandeja de horno forrada con papel de horno antiadherente y horneamos, removiendo de vez en cuando, 10 minutos o hasta que esté dorado. Dejamos enfriar.

Introducimos el germen de trigo, la harina, la levadura en polvo, el azúcar moreno y la canela en un bol y removemos para mezclar bien. Añadimos el aceite, el huevo y la vainilla, y removemos hasta obtener una mezcla homogénea. Agregamos la mezcla con la avena y los arándanos, y removemos para mezclar bien. Introducimos la mezcla en un molde rectangular de 20 x 30 cm forrado con papel de horno antiadherente. Horneamos 25-30 minutos o hasta que esté dorado. Dejamos enfriar el molde 10 minutos antes de desmoldarlo en una rejilla para que termine de enfriarse por completo. Cortamos en barritas para servir. PARA 16 PERSONAS.
+ *Estas barritas se conservan hasta 1 semana en un recipiente hermético.*

TORTITAS INTEGRALES DE MIEL *y* RICOTTA

1 taza (150 g) de harina integral sin levadura*
2 cucharaditas de levadura en polvo
¼ taza (90 g) de miel, y más para servir
⅔ taza (160 ml) de leche
150 g de ricotta semidesnatado, y más para servir
3 claras de huevo

Introducimos la harina y la levadura en polvo en un bol y mezclamos bien. Hacemos un agujero en el centro, añadimos la miel y la leche y mezclamos hasta obtener una masa homogénea. Incorporamos poco a poco el ricotta de modo que la mezcla quede algo grumosa. En otro bol montamos las claras de huevo hasta que se formen picos suaves y las incorporamos a la mezcla con el ricotta.

Calentamos una sartén antiadherente grande a fuego lento. Le echamos aceite en espray y agregamos 2 cucharadas de la masa. Cocemos, por tandas, 3-4 minutos por cada lado o hasta que esté dorada e hinchada. Servimos con ricotta y miel adicional. PARA 4 PERSONAS.

GACHAS DE CUATRO CEREALES *y* QUINOA

1 taza (90 g) de copos de avena
1 taza (90 g) de copos de espelta*
1 taza (90 g) de copos de cebada*
¾ taza (150 g) de quinoa blanca*
½ taza (85 g) de linaza*
1½ tazas (375 ml) de agua
2 tazas (500 ml) de leche
sal marina en escamas
leche y miel adicionales para servir

Mezclamos los copos de avena, los copos de espelta, los copos de cebada, la quinoa y la linaza+. Para preparar las gachas, introducimos 1 taza de la mezcla en un cazo con el agua y la leche. Cocemos a fuego medio, removiendo con frecuencia, 6-8 minutos o hasta que los cereales estén tiernos. Añadimos una pizca de sal y removemos. Repartimos en boles y servimos con leche y miel adicionales. PARA 2-4 PERSONAS.
+ *Esta es la base de las gachas de cuatro cereales y quinoa. Se conserva hasta 3 semanas en un tarro hermético.*

MUFFIN BÁSICO

2 tazas (300 g) de harina integral sin levadura*
3 cucharaditas de levadura en polvo
½ taza (110 g) de azúcar sin refinar
2 cucharadas de miel
1 huevo
1¼ tazas (310 ml) de suero de leche
⅓ taza (80 ml) de aceite vegetal
1 cucharadita de extracto de vainilla

Precalentamos el horno a 180 °C. Introducimos la harina, la levadura en polvo y el azúcar en un bol y mezclamos bien. En otro bol, mezclamos la miel, el huevo, el suero de leche, el aceite y la vainilla. Incorporamos la mezcla con el huevo a los ingredientes secos y mezclamos.

Si los usamos, incorporamos la fruta y los demás ingredientes.+ Introducimos la mezcla en una bandeja para 12 muffins de ½ taza (125 ml) de capacidad forrados con moldes de papel y horneamos 25-30 minutos o hasta que estén cocidos al comprobarlo con un palillo largo. Servimos calientes o fríos. PARA 12 PERSONAS
+ *Encontrarás rellenos y variaciones de esta receta en las siguientes páginas, 14-15. Estos muffins se conservan hasta 1 mes congelados.*

GACHAS DE CUATRO CEREALES *y* QUINOA

MUFFINS DE DESAYUNO – *encontrarás la receta del muffin básico en la página 12*

FRAMBUESA *y* AVENA

Añadimos 1 taza (160 g) de frambuesas frescas o congeladas (sin descongelar) y ½ taza (45 g) de copos de avena a la mezcla básica. Espolvoreamos los muffins con avena adicional y con un poco de azúcar sin refinar antes de hornearlos.

DÁTIL *y* HARINA DE LINAZA, GIRASOL Y ALMENDRA

Añadimos 1 taza (140 g) de dátiles sin hueso picados y ⅓ taza de harina de linaza, girasol y almendra* a la mezcla básica. Espolvoreamos con un poco de azúcar sin refinar antes de hornear..

MUESLI

Añadimos ⅓ taza (30 g) de copos de avena, ¼ taza (35 g) de orejones de albaricoque picados y ¼ taza (35 g) de almendras cortadas en juliana a la mezcla básica.

Congela estos MUFFINS para poder tomar algo rápido para DESAYUNAR

HIGO y CANELA
Añadimos 1 taza (190 g) de higos secos laminados y ½ cucharadita de canela en polvo a la mezcla básica. Espolvoreamos con azúcar antes de hornear.

PLÁTANO, SALVADO y CANELA
Añadimos 2 plátanos triturados, ⅓ taza (65 g) de salvado de avena* o salvado de trigo* y 1 cucharadita de canela en polvo a la mezcla básica.

ARÁNDANO AZUL y MANZANA
Añadimos 1 taza (160 g) de arándanos azules frescos o congelados (sin descongelar) y ⅓ taza (20 g) de manzana seca picada a la mezcla básica.

GRANOLA DE QUINOA

GRANOLA DE QUINOA

1½ tazas (300 g) de quinoa blanca*
1½ tazas (135 g) de copos de avena
½ taza (70 g) de semillas de girasol
½ cucharadita de canela en polvo
¼ taza (60 ml) de sirope de arce
2 cucharadas de aceite vegetal
bayas frescas y yogur griego natural para servir

Precalentamos el horno a 180 °C. Introducimos la quinoa,
la avena, las semillas de girasol, la canela, el sirope de arce
y el aceite en un bol y mezclamos bien. Extendemos la mezcla
en 2 bandejas de horno forradas con papel de horno antiadherente.
Horneamos 15 minutos o hasta que esté dorada. Dejamos enfriar.
Servimos la granola con bayas frescas y yogur. PARA 8-10 PERSONAS.
+ Esta granola se conserva hasta 2 semanas en un tarro hermético.

TORRIJAS AL HORNO

4 rebanadas gruesas de pan integral
2 huevos
1 taza (250 ml) de leche semidesnatada
1 cucharadita de extracto de vainilla
2 cucharadas de miel, y más para rociar las torrijas
½ cucharadita de canela en polvo
fruta fresca o escalfada y yogur griego natural para servir

Precalentamos el horno a 200 °C. Introducimos el pan en una
fuente de horno grande forrada con papel de horno antiadherente.
Introducimos el huevo, la leche, la vainilla, la miel y la canela en
un bol y removemos para mezclar. Vertemos la mezcla con el huevo
sobre el pan. Dejamos reposar 20 minutos o hasta que se haya
absorbido la mayoría de la mezcla. Horneamos 25 minutos o hasta
que el pan esté dorado. Servimos con fruta y yogur, y rociamos
con miel adicional. PARA 4 PERSONAS

*Esta es mi POTENTE versión de la granola. Gracias a la presencia de la quinoa
es rica en proteínas, lo que te permite EMPEZAR con buen pie la mañana. Mezclada
con semillas de girasol, avena y una pizca de canela, al tostarla alcanza una
crujiente PERFECCIÓN.*

TORRIJAS AL HORNO

PARFAIT DE YOGUR BATIDO *y* RICOTTA

PARFAIT DE YOGUR BATIDO *y* RICOTTA

1½ tazas (300 g) de ricotta semidesnatado
1½ tazas (420 g) de yogur griego natural
1 cucharadita de extracto de vainilla
⅓ taza (80 ml) de sirope de arce
fruta fresca cortada en rodajas para servir

Introducimos el ricotta, el yogur, la vainilla y el sirope de arce
en un robot de cocina y activamos hasta obtener una mezcla ligera
y homogénea. Repartimos en boles y servimos con fruta fresca.
PARA 4 PERSONAS

TORTILLA DE CLARAS CON ESPÁRRAGOS, TOMATE *y* FETA

2 cucharaditas de aceite vegetal
6 espárragos verdes, cortados longitudinalmente en láminas
   con un pelador
6 claras de huevo
¼ taza (60 ml) de agua
sal marina y pimienta negra machacada
2 tomates tradicionales, cortados en gajos
¼ taza de hojas de menta
100 g de feta marinado

Calentamos una sartén antiadherente de 18 cm a fuego
medio. Ponemos en ella la mitad del aceite y la mitad de
los espárragos, y cocemos 2 minutos. Introducimos las claras
de huevo y el agua en un bol y batimos hasta que la mezcla esté
espumosa. Incorporamos la sal y la pimienta. Vertemos la mitad
de esta mezcla sobre los espárragos y cocemos 3 minutos.
Situamos la sartén bajo el grill previamente calentado del horno
2 minutos o hasta que la tortilla esté hecha. Sacamos de la sartén
y conservamos caliente. Repetimos con el resto del aceite,
los espárragos y la mezcla con el huevo. Doblamos cada tortilla
por la mitad y servimos con el tomate mezclado con la menta
y el feta. PARA 2 PERSONAS

Esta es mi versión chic de la tortilla de claras, porque la VIDA *es demasiado corta para andarse con soserías. Los espárragos* FRESCOS, *los tomates jugosos y el feta cremoso le confieren una excitante sensación en boca. A mí me gusta sola, pero también puedes* SABOREARLA *con un pan tostado.*

TORTILLA DE CLARAS CON ESPÁRRAGOS, TOMATE *y* FETA

Estos POTENTES SMOOTHIES *pegan* REALMENTE FUERTE

SMOOTHIES

MANGO *y* GERMEN DE TRIGO
Introducimos 1 taza (200 g) de mango picado, ¼ taza (60 ml) de zumo de naranja, ¼ taza (70 g) de yogur griego natural, ½ taza (125 ml) de bebida de soja, 1 cucharadita de germen de trigo* y 6 cubitos de hielo en una batidora y trituramos hasta obtener una mezcla homogénea.

PARA 1 PERSONA

FRESA *y* SOJA
Introducimos 1 taza (250 ml) de bebida de soja o leche semidesnatada, 50 g de tofu sedoso*, 6 fresas, 1 cucharada de miel y 6 cubitos de hielo en una batidora y trituramos hasta obtener una mezcla homogénea.

PARA 1 PERSONA

MENTA, PIÑA *y* YOGUR
Introducimos ¾ taza (180 ml) de leche semidesnatada, ¼ taza (70 g) de yogur natural semidesnatado, ⅓ taza (75 g) de piña picada, 1 cucharada de miel, 6 cubitos de hielo y 1 cucharada de hojas de menta en una batidora y trituramos hasta obtener una mezcla homogénea.

PARA 1 PERSONA

LECHE DE ALMENDRAS, DÁTIL *y* MIEL

Introducimos 1 taza (250 ml) de leche de almendras, 3 dátiles sin hueso, 2 cucharaditas de miel, ¼ taza (70 g) de yogur natural semidesnatado, 6 cubitos de hielo y 1 cucharada de salvado de avena* en una batidora y trituramos hasta obtener una mezcla homogénea.

PARA 1 PERSONA

BAYAS *y* LINAZA

Introducimos ¾ taza (180 ml) de leche semidesnatada y 1 cucharada de linaza* en una batidora y trituramos hasta obtener una mezcla homogénea. Añadimos ¼ taza (70 g) de yogur griego natural, ⅓ taza (80 g) de frambuesas congeladas, 6 cubitos de hielo y 1 cucharada de sirope de arce y trituramos hasta obtener una mezcla homogénea.

PARA 1 PERSONA

MANTEQUILLA DE CACAHUETE *y* PLÁTANO

Introducimos 1 taza (250 ml) de leche semidesnatada, 1 cucharada de mantequilla de cacahuete crujiente, 1 plátano pequeño, 1 cucharadita de miel, 6 cubitos de hielo y 1 cucharada de salvado de avena* en una batidora y trituramos hasta obtener una mezcla homogénea.

PARA 1 PERSONA

TOSTADAS CON TOFU, HIERBAS AROMÁTICAS y AGUACATE

QUESADILLAS DE ESPINACAS *y* RICOTTA

TOSTADAS CON TOFU, HIERBAS AROMÁTICAS *y* AGUACATE

150 g de tofu sedoso*
1 taza de hojas de menta
1 taza de hojas de albahaca
sal marina y pimienta negra machacada
8 rebanadas de pan integral, tostadas
1 aguacate, cortado en gajos
200 g de tomates cherry, cortados por la mitad
2 cucharadas de zumo de lima
1 chile rojo largo, sin semillas y cortado en rodajas finas

Introducimos el tofu, la mitad de las hojas de menta y de albahaca, la sal y la pimienta en un robot de cocina y activamos hasta obtener una mezcla homogénea. Extendemos la mezcla obtenida sobre las tostadas y cubrimos con el aguacate, el tomate y el resto de menta y de albahaca. Mezclamos el zumo de lima y el chile, rociamos con el líquido resultante las tostadas con la ayuda de una cuchara y servimos. PARA 4 PERSONAS

QUESADILLAS DE ESPINACAS *y* RICOTTA

65 g de hojas de espinacas baby
1 cucharadita de ralladura de limón
½ taza (100 g) de ricotta semidesnatado
¼ taza de hojas de albahaca picadas
¼ taza (20 g) de parmesano rallado fino
sal marina y pimienta negra machacada
2 tomates, cortados en rodajas finas
8 tortillas de harina
aceite vegetal, para pintar

Sumergimos 30 segundos las espinacas en agua hirviendo en un bol refractario. Las escurrimos para quitarles el exceso de agua y las mezclamos con la ralladura de limón, el ricotta, la albahaca, el parmesano, la sal y la pimienta. Extendemos la mezcla sobre 4 tortillas de harina. Cubrimos con el tomate y con las tortillas restantes. Pintamos ligeramente con aceite y cocemos en una sartén antiadherente grande a fuego medio-bajo 3-4 minutos por cada lado o hasta que estén doradas y crujientes. Cortamos en cuartos y servimos calientes. PARA 4 PERSONAS

EL GRAN DESAYUNO

8 champiñones Portobello, con el tallo cortado
¼ taza de pesto de albahaca comprado
4 tomates en rama
12 ramitas de tomillo
120 g de hojas de espinacas baby
2 cucharaditas de ralladura de limón
1 taza (200 g) de ricotta semidesnatado
4 huevos, cocidos al gusto+
pan integral tostado para servir
sal marina y pimienta negra machacada

Precalentamos el horno a 200 °C. Untamos la parte inferior de las setas con pesto y colocamos en una fuente de horno forrada con papel de horno antiadherente. Hacemos unos cortes en los tomates e introducimos en ellos las ramitas de tomillo. Añadimos a la fuente con las setas. Asamos 20 minutos o hasta que las setas y los tomates estén blandos.
   Sumergimos 30 segundos las espinacas en agua hirviendo en un bol refractario. Las escurrimos para quitarles el exceso de agua y las cubrimos con el limón y el ricotta. Para servir, repartimos las setas, los tomates, la mezcla con las espinacas, los huevos y el pan tostado en los platos y salpimentamos. PARA 4 PERSONAS
+ *Puedes servirlo con huevos escalfados, fritos o revueltos.*

ALMUERZOS *y* ENSALADAS

Lleva tu almuerzo MÁS ALLÁ del humilde emparedado con estas ideas sabrosas que rebosan frescura y CRUJIENTE. Encontrarás, entre otros, carnes escalfadas y asadas a la parrilla, cereales y hortalizas VIBRANTES que te aportarán la energía que necesitas por la tarde sin adormilarte. Además, he incluido mi interpretación LIGERA de algunos CLÁSICOS para disfrutar el almuerzo de una forma nueva e imaginativa.

ENSALADA ASIÁTICA DE POLLO *con* WANTONS CRUJIENTES

ENSALADA DE POLLO *y* PEPINO *con* ALIÑO DE YOGUR

ENSALADA ASIÁTICA DE POLLO
con WANTONS CRUJIENTES

20 láminas de pasta wanton*
aceite vegetal, para pintar
2 pechugas deshuesadas de pollo de 180 g cada una, escalfadas
   (véase *básicos*, p. 182)
1 taza de hojas de albahaca tailandesa
1 taza de hojas de menta
1 taza de hojas de cilantro
2 tazas (160 g) de col blanca, cortada en juliana
2 chiles rojos largos, sin semillas y cortados en rodajas finas
aliño asiático
1 cucharada de salsa de pescado asiática*
2 cucharadas de zumo de lima
1 cucharada de azúcar lustre (extrafino)

Precalentamos el horno a 180 °C. Colocamos las láminas de pasta wanton en una bandeja de horno forrada con papel de horno antiadherente. Pintamos muy ligeramente con aceite y horneamos 10-12 minutos o hasta que estén doradas. Reservamos.

Desmenuzamos el pollo, lo introducimos en un bol con la albahaca, la menta, el cilantro, la col blanca y el chile y removemos bien. Mezclamos la salsa de pescado, el zumo de lima y el azúcar, agregamos a la ensalada y removemos para mezclar bien. Servimos con los wanton crujientes. PARA 4 PERSONAS

ENSALADA DE POLLO *y* PEPINO
con ALIÑO DE YOGUR

3 pechugas deshuesadas de pollo de 180 g cada una, escalfadas
   (véase *básicos*, p. 182)
2 pepinos libaneses, cortados longitudinalmente en láminas
2 tallos de apio, sin los extremos y cortados en rodajas finas
1 taza de hojas de perejil italiano
2 cucharadas de ramitas de eneldo
2 cucharadas de hojas de menta
aliño de yogur
¾ taza (210 g) de yogur griego natural
100 g de feta suave
2 cucharadas de zumo de limón
1 cucharada de agua
sal marina

Para preparar el aliño de yogur, introducimos el yogur, el queso feta, el limón, el agua y la sal en un robot de cocina y activamos hasta obtener una mezcla homogénea.

Cortamos el pollo en lonchas y las repartimos en platos con el pepino, el apio, el perejil, el eneldo y la menta. Rociamos con el aliño para servir.
PARA 4 PERSONAS.

ENSALADA DE REMOLACHA CRUDA
con QUESO DE CABRA AL GRILL

4 remolachas grandes, peladas y sin los extremos
1 zanahoria, pelada y sin los extremos
100 g de hojas de remolacha pequeña o baby
300 g de queso de cabra duro, cortado en 8 rodajas
aceite vegetal para pintar
aliño de rábano picante
2 cucharadas de vinagre blanco
1 cucharada de aceite de oliva
1 cucharadita de rábano picante recién rallado*
sal marina y pimienta negra molida

Para preparar el aliño de rábano picante, introducimos el vinagre, el aceite, el rábano picante, la sal y la pimienta en un bol y removemos para mezclar bien. Reservamos

Cortamos la remolacha y la zanahoria en rodajas finas con ayuda de una mandolina y las colocamos en un bol junto con las hojas de remolacha. Añadimos el aliño y mezclamos con cuidado. Repartimos la ensalada en platos.

Pintamos el queso de cabra con un poco de aceite y lo depositamos en una bandeja de horno forrada con papel de horno antiadherente. Situamos bajo el grill previamente calentado del horno y asamos 8-10 minutos o hasta que esté dorado. Servimos el queso de cabra con la ensalada. PARA 4 PERSONAS

ENSALADA DE REMOLACHA CRUDA *con* QUESO DE CABRA AL GRILL

ROLLITOS DE VERANO

POLLO y MENTA

Cubrimos hojas redondas de papel de arroz ablandado con pollo cocido desmenuzado, hojas de menta y repollo cortado en juliana. Doblamos los extremos y enrollamos.

TOFU CRUJIENTE

Cubrimos hojas redondas de papel de arroz ablandado con trozos finos de tofu frito, zanahoria cortada en juliana, brotes de tirabeque y cacahuetes tostados picados. Doblamos los extremos y enrollamos

SALMÓN PICANTE

Espolvoreamos los trozos de salmón con copos de chile y los freímos al gusto. Cubrimos hojas redondas de papel de arroz ablandado con pepino cortado en juliana, tirabeques blanqueados y cortados en juliana, hojas de cilantro y el salmón. Doblamos los extremos y enrollamos.

Estos REFRESCANTES ROLLITOS *constituyen un* ALMUERZO LIGERO

TIRABEQUE *y* ANACARDO

Cubrimos hojas redondas de papel de arroz ablandado con tirabeques blanqueados, zanahoria, espárragos blanqueados y pepino, todos ellos cortados en juliana, y con hojas de cilantro, vermicelli de arroz cocidos y anacardos tostados picados. Doblamos los extremos y enrollamos.

GAMBAS *y* HIERBAS AROMÁTICAS

Cubrimos hojas redondas de papel de arroz ablandado con gambas limpias, peladas y cocidas, vermicelli de arroz cocidos y con hojas de albahaca, menta y cilantro. Doblamos los extremos y enrollamos.

TERNERA *y* RÁBANO

Cubrimos hojas redondas de papel de arroz ablandado con ternera cocida cortada en rodajas finas, rábano cortado en rodajas finas, brotes de soja y hojas de albahaca. Doblamos los extremos y enrollamos.
+ *Servimos cualquiera de estos rollitos con salsa para mojar de soja y sésamo o de chile y jengibre (véase básicos, página 188).*

ENSALADA DE CEBADA PERLADA *y* CALABAZA CARAMELIZADA

ENSALADA DE CEBADA PERLADA
y CALABAZA CARAMELIZADA

750 g de calabaza moscada, cortada en rodajas
2 cucharadas de sirope de agave* claro o de miel
2 cucharadas de vinagre balsámico blanco
sal marina y pimienta negra machacada
1½ tazas (300 g) de cebada perlada*, lavada
4½ tazas de agua
250 g de judías verdes baby, sin los extremos y blanqueadas
200 g de feta, cortado en rodajas
1 taza de hojas de perejil italiano
aliño de limón en conserva
1 cucharada de aceite de oliva
2 cucharadas de vinagre balsámico blanco
1 cucharadita de peladura de limón en conserva* picada fina

Precalentamos el horno a 200 °C. Para preparar el aliño, mezclamos
bien el aceite, el vinagre y el limón en conserva y reservamos.

Colocamos la calabaza en una bandeja de horno forrada con papel
de horno antiadherente. Mezclamos el sirope de agave, el vinagre, la sal
y la pimienta, pintamos la calabaza con la mezcla obtenida y la asamos
25-30 minutos o hasta que esté dorada.

Mientras se asa la calabaza, introducimos la cebada perlada en un cazo
con el agua a fuego medio-alto, llevamos a ebullición y cocemos, sin tapar,
15 minutos o hasta que la cebada esté tierna. Escurrimos y dejamos enfriar
un poco. Ponemos la calabaza, la cebada, las judías, el queso feta y el perejil
en un bol y mezclamos con cuidado. Repartimos en platos y rociamos
con el aliño para servir. PARA 4 PERSONAS

ENSALADA DE POLLO
y COLIFLOR ASADOS

1 kg de coliflor, cortada en cabezuelas grandes
12 ramitas de estragón
1 cucharada de peladura de limón cortada en juliana
12 dientes de ajo, sin pelar
2 cucharadas de aceite vegetal
4 pechugas deshuesadas de pollo de 180 g cada una, limpias
sal marina y pimienta negra machacada
150 g de hojas de rúcula
aliño de suero de leche al limón (*véase básicos*, página 185)

Precalentamos el horno a 200 °C. Colocamos la coliflor, el estragón,
el limón y el ajo en una fuente de horno forrada con papel de horno
antiadherente. Rociamos con aceite y asamos 15 minutos. Añadimos
el pollo, salpimentamos y asamos 15 minutos más o hasta que el pollo
esté cocido y la coliflor, dorada.

Cortamos el pollo y mezclamos con la coliflor asada, el ajo y la rúcula.
Repartimos en platos y rociamos con el aliño de suero de leche al limón
para servir. PARA 4 PERSONAS

Estas sustanciosas y DELICIOSAS *ensaladas calientes constituyen un buen almuerzo
o incluso una cena* LIGERA. *Repletas de hierbas aromáticas, limón y cereales o
verduras, solo necesitan un aliño ligero para* EQUILIBRAR *los sabores restantes.*

ENSALADA DE POLLO y COLIFLOR ASADOS

ENSALADA DE CHIRIVÍA *con* TERNERA A LA SALVIA

ENSALADA DE CHIRIVÍA
con TERNERA A LA SALVIA

4 chirivías tiernas, peladas y sin los extremos
1 bulbo de hinojo, sin la base
¾ taza de hojas de perejil italiano
4 chuletas de ternera de 125 g cada una
8 ramitas de salvia
¾ taza (180 ml) de suero de leche
sal marina y pimienta negra machacada

Cortamos las chirivías en juliana (desechamos el corazón leñoso) e introducimos en un bol. Cortamos el hinojo en rodajas finas con ayuda de una mandolina, lo añadimos a las chirivías junto con el perejil y mezclamos bien. Atamos una ramita de salvia a cada lado de la ternera con hilo de cocina y salpimentamos. Calentamos una sartén antiadherente grande a fuego vivo y cocemos la ternera 4-5 minutos por cada lado o hasta que esté al gusto.

Salpimentamos el suero de leche, removemos bien y mezclamos bien con la ensalada de chirivías. Servimos la ensalada con la ternera.
PARA 4 PERSONAS

ROLLITOS DE SUSHI DE QUINOA

1 cucharada de vinagre de arroz blanco*
1 cucharadita de azúcar lustre (extrafino)
½ cucharadita de sal marina en escamas
3 tazas de quinoa blanca* cocida, ligeramente enfriada
   (véase *básicos*, p. 179)
6 hojas de nori* tostadas
150 g de atún para sashimi, cortado en tiras
1 aguacate, cortado en rodajas
1 pepino libanés, cortado en rodajas finas
1 zanahoria, pelada y cortada en rodajas finas
8 hojas de espinacas, cortadas en juliana
⅓ taza de jengibre encurtido*
½ taza de hojas de menta
salsa de soja y jengibre encurtido adicional para servir

Introducimos el vinagre, el azúcar y la sal en un bol y mezclamos para disolver el azúcar. Añadimos a la quinoa y mezclamos bien. Extendemos ½ taza de quinoa sobre cada hoja de nori.

Para preparar los rollitos de atún, repartimos el atún, el aguacate y el pepino en tres de las hojas de nori y las enrollamos.

Para preparar los rollitos de verdura, repartimos la zanahoria, las espinacas, el jengibre encurtido y la menta en las tres hojas de nori restantes y las enrollamos. Cortamos los rollitos en rodajas y los servimos con la salsa de soja y el jengibre encurtido adicional. **PARA 4 PERSONAS**

En mi versión MODERNA *de los rollitos de sushi, he sustituido el arroz de grano corto por quinoa. Me asombra lo bien que funciona, ya que les da textura y sabor a* NUEZ. *Estos rollitos son ideales para llevar al trabajo como almuerzo rápido y* SENCILLO.

ROLLITOS DE SUSHI DE QUINOA

ENSALADA DE COL *con* POLLO ESCALFADO AL LIMÓN

ENSALADA DE TOFU CRUJIENTE

ENSALADA DE COL *con* POLLO ESCALFADO AL LIMÓN

2 tazas (160 g) de col, cortada fina
2 chirivías, peladas, sin el corazón y cortadas en juliana
1 apio nabo, pelado y cortado en juliana
2 ramitas de apio, sin los extremos y cortadas en rodajas finas
sal marina y pimienta negra machacada
1 taza (250 ml) de suero de leche
3 cucharadas de zumo de limón
3 pechugas deshuesadas de pollo de 180 g cada una, escalfadas
   al limón (véase *básicos*, p. 182)

Introducimos la col, las chirivías, el apio nabo, el apio, la sal y la pimienta
en un bol y mezclamos bien. Mezclamos el suero de leche y el limón,
añadimos a la ensalada y mezclamos con cuidado. Repartimos la ensalada
en platos y la servimos acompañada de lonchas gruesas de pollo escalfado
al limón. PARA 4 PERSONAS

ENSALADA DE TOFU CRUJIENTE

500 g de tofu firme*
1 cucharada de aceite vegetal
1 cucharada de semillas de sésamo
400 g de bimi, blanqueado y cortado
150 g de tirabeques, blanqueados
2 pepinos libaneses, cortados en rodajas finas
1 cucharada de semillas de sésamo negro
aliño de miso
2 cucharadas de miso blanco*
2 cucharadas de mirin*
1 cucharada de vinagre de arroz*
½ cucharadita de aceite de sésamo

Precalentamos el horno a 200 °C. Para preparar el aliño de miso,
introducimos el miso, el mirin, el vinagre y el aceite de sésamo
en un bol y mezclamos bien. Reservamos.

Cortamos el tofu en tiras finas y secamos con papel absorbente.
Colocamos el tofu en una bandeja de horno forrada con papel de horno
antiadherente, pintamos con el aceite y espolvoreamos con semillas
de sésamo. Horneamos 25 minutos o hasta que el tofu esté crujiente
y dorado.

Repartimos el bimi, los tirabeques y el pepino en platos. Rociamos
la ensalada con el aliño, espolvoreamos con semillas de sésamo negro
y cubrimos con el tofu crujiente para servir. PARA 4 PERSONAS

ENSALADA DE ARROZ INTEGRAL

3 tazas de arroz integral cocido+
2 calabacines, cortados en juliana
⅓ taza (45 g) de mitades de almendras naturales tostadas
⅓ taza (55 g) de pasas de Corinto
60 g de hojas de rúcula baby
sal marina y pimienta negra machacada
2 cucharadas de zumo de limón
2 cucharaditas de miel
aliño de queso de cabra
150 g de queso de cabra suave
½ taza (140 g) de yogur griego natural
zumaque*, para espolvorear

Introducimos el arroz, el calabacín, las almendras, las pasas, la rúcula,
la sal y la pimienta en un bol y mezclamos bien. Mezclamos el limón
y la miel, añadimos a la ensalada y mezclamos bien.

Para preparar el aliño de queso de cabra, lo introducimos junto
con el yogur en un robot de cocina y activamos hasta obtener una mezcla
homogénea. Repartimos la ensalada en platos con una cucharada grande
del aliño y espolvoreamos con el zumaque para servir. PARA 4 PERSONAS
+ *De 1 taza (200 g) de arroz crudo obtenemos 3 tazas de arroz cocido.*

ENSALADA DE ARROZ INTEGRAL

BRUSCHETTAS

CHILE, COL RIZADA *y* AJO

Extendemos cebolla caramelizada con balsámico sobre rebanadas de pan. Cubrimos con col rizada, ajo y chile salteados, y espolvoreamos con parmesano rallado fino.

+ Usa rebanadas de pan integral a la brasa como base de estas bruschettas.

APIO NABO, REMOULADE *y* PROSCIUTTO

Mezclamos apio nabo cortado en juliana y hojas de perejil italiano con un aliño de suero de leche al limón (véase *básicos*, p. 185). Cubrimos la bruschetta con salsa remoulade y lonchas de prosciutto.

AJO ASADO *y* ESPÁRRAGOS

Extendemos el ajo asado sobre las rebanadas de pan y cubrimos con espárragos cocidos al vapor. Rociamos con mayonesa de huevo mezclada con zumo de limón, o con mayonesa de tofu (véase *básicos*, p. 179).

RICOTTA AL LIMÓN, TOMATE *y* ALBAHACA

Mezclamos queso ricotta con ralladura fina de limón y extendemos sobre las rebanadas de pan. Cubrimos con tomates cherry cortados a cuartos, hojas de albahaca, sal marina y pimienta negra machacada, y rociamos con reducción de balsámico.

REQUESÓN DE LECHE DE CABRA, HABAS *y* MENTA

Extendemos requesón de leche de cabra sobre las rebanadas de pan. Cubrimos con habas peladas y blanqueadas, hojas de menta, un chorrito de limón, sal marina y pimienta negra machacada.

RÚCULA, SALMÓN *y* ALCAPARRAS

Extendemos queso semidesnatado para untar mezclado con eneldo picado y pimienta negra machacada sobre las rebanadas de pan. Cubrimos con hojas de rúcula, salmón ahumado, alcaparras fritas y ramitas adicionales de eneldo. Servimos con un gajo de limón.

ENSALADA DE PERA *y* COLES DE BRUSELAS ASADAS

ENSALADA DE PERA
y COLES DE BRUSELAS ASADAS

500 g de coles de Bruselas, sin la base y cortadas por la mitad

2 peras Bosc, cortadas en gajos

1 cebolla roja, pelada y cortada en gajos

8 ramitas de salvia

2 cucharadas de aceite de oliva

¼ taza (60 ml) de vinagre de vino tinto

2 cucharadas de azúcar moreno

sal marina y pimienta negra machacada

150 g de hojas de rúcula

150 g de queso de cabra duro, rallado

Precalentamos el horno a 200 °C. Colocamos las coles, con la parte cortada hacia arriba, las peras, la cebolla y la salvia en una bandeja de horno forrada con papel de horno antiadherente. Mezclamos el aceite, el vinagre y el azúcar, y rociamos las verduras con la mitad del aliño obtenido. Espolvoreamos con la sal y la pimienta, y asamos 30-35 minutos o hasta que las coles estén doradas. Repartimos las coles, las peras, la cebolla, la salvia y la rúcula en platos. Espolvoreamos con el queso de cabra y rociamos con el aliño restante para servir. PARA 4 PERSONAS

ENSALADA DE TERNERA AL ESTRAGÓN
y LENTEJAS VERDINAS CALIENTES

1 taza (200 g) de lentejas verdinas*

12 remolachas baby rojas y amarillas, sin los extremos y lavadas

2 cucharadas de aceite de oliva

2 cucharadas de hojas de estragón picadas

2 cucharaditas de sal marina en escamas

1 cucharadita de pimienta negra machacada

1 solomillo de ternera de 500 g

1 taza de hojas de perejil italiano

aliño de mostaza

1 cucharada de vinagre balsámico

1 cucharada de mostaza de Dijon

1 cucharada de aceite de oliva

Precalentamos el horno a 200 °C. Dejamos las lentejas 20 minutos en remojo en agua fría en un bol, las escurrimos, las introducimos en un cazo pequeño, las cubrimos con agua hirviendo y las cocemos a fuego vivo 20 minutos o hasta que estén tiernas. Escurrimos y conservamos calientes.

Colocamos la remolacha en una bandeja de horno forrada con papel de horno antiadherente, rociamos con el aceite y asamos 30 minutos. Mientras la remolacha se hornea, mezclamos el estragón, la sal y la pimienta, y espolvoreamos la ternera de modo que quede bien cubierta. Calentamos una sartén antiadherente a fuego vivo. Añadimos la ternera y la cocemos 3-4 minutos por cada lado o hasta que esté dorada. Añadimos la ternera a la bandeja con la remolacha en los 10 últimos minutos de cocción y asamos 10 minutos o hasta que la ternera esté al gusto. Sacamos del horno y reservamos la ternera.

Introducimos las lentejas, la remolacha y el perejil en un bol. Mezclamos el vinagre, la mostaza y el aceite, rociamos las lentejas con el aliño obtenido y mezclamos bien. Cortamos la ternera en tajadas finas, repartimos en platos y cubrimos con la ensalada de lentejas para servir. PARA 4 PERSONAS.

Esta es una de mis ensaladas favoritas; la sirvo incluso como ELEGANTE *entrante si he invitado a amigos a cenar. El amargor de las coles de Bruselas* CARAMELIZADAS *combina de* MARAVILLA *con el dulzor de la pera, y el queso de cabra le añade un toque salado.*

ENSALADA DE TERNERA AL ESTRAGÓN *y* LENTEJAS VERDINAS CALIENTES

ENSALADA DE GARBANZOS ESPECIADOS TOSTADOS

ENSALADA DE GARBANZOS ESPECIADOS TOSTADOS

1 cucharada de aceite de oliva
1 cucharadita de comino molido
1 cucharadita de pimentón dulce ahumado*
½ cucharadita de sal marina en escamas
1 cucharadita de semillas de hinojo
800 g de garbanzos cocidos, escurridos
3 zanahorias, peladas y cortadas en juliana
1 taza de hojas de cilantro
1 taza de hojas de menta
200 g de halloumi*, rallado
2 cucharadas de zumo de limón
1 cucharadita de miel
1 cucharada de aceite de oliva, adicional

Calentamos una sartén antiadherente grande a fuego vivo. Añadimos el aceite, el comino, el pimentón, la sal y las semillas de hinojo y cocemos 2 minutos o hasta que desprenda aroma. Agregamos los garbanzos y cocemos, removiendo, 5 minutos o hasta que los garbanzos estén tostados y bien mezclados con las especias.

Introducimos la zanahoria, el cilantro, la menta, el halloumi, el zumo de limón, la miel y el aceite de oliva adicional en un bol y mezclamos bien. Repartimos en platos y cubrimos con los garbanzos para servir. **PARA 4 PERSONAS**

TABULÉ DE QUINOA

3 tazas de quinoa blanca* cocida, enfriada (véase *básicos*, p. 179)
1½ tazas de hojas de perejil italiano
1 taza de hojas de menta picadas gruesas
¼ taza de cebollinos picados
250 g de tomates cherry, cortados en cuartos
1 cucharada de ralladura fina de limón
2 cucharadas de zumo de limón
2 cucharadas de aceite de oliva
sal marina y pimienta negra machacada
feta marinado o queso de yogur (véase *básicos*, p. 176)
   y pan plano libanés para servir

Introducimos la quinoa, el perejil, la menta, el cebollino, el tomate y la ralladura de limón en un bol y mezclamos bien. Mezclamos el zumo de limón, el aceite, la sal y la pimienta, rociamos la ensalada con el aliño obtenido y mezclamos bien. Cubrimos con feta marinado desmenuzado o con queso de yogur y servimos con pan plano. **PARA 4 PERSONAS**

Para conseguir una versión más esponjosa y con mayor textura del TABULÉ, *he sustituido el bulgur por la* QUINOA *(mi nuevo mejor amigo). Es increíblemente versátil y una alternativa fantástica al cuscús o al arroz. Me encanta añadirla a las ensaladas para intensificar su sabor y darles* SUSTANCIA.

TABULÉ DE QUINOA

CENAS RÁPIDAS

Estas ideas fáciles de preparar permiten tener los platos listos en un SANTIAMÉN
sin que dejen de ser deliciosos. Se trata de combinar especias, hierbas aromáticas
y hortalizas POTENTES usando técnicas RÁPIDAS de cocinado para disponer
de una solución óptima las noches de entresemana. He incluido también algunos de
mis TRUCOS favoritos para demostrar que hasta un esfuerzo MÍNIMO
puede verse recompensado con una cena sabrosa y saludable.

QUINOA EN DOS COCCIONES *y* POLLO PICANTE *con* LIMA

POLLO ASADO *con* QUESO DE CABRA *y* LIMÓN

QUINOA EN DOS COCCIONES
y POLLO PICANTE *con* LIMA

1 chile chipotle*
½ taza (125 ml) de zumo de lima (aproximadamente 4 limas)
1 cucharada de miel
3 pechugas deshuesadas de pollo de 180 g cada una, escalfadas
   y cortadas en lonchas (*véase básicos*, p. 182)
1½ tazas de hojas de cilantro
1½ tazas de hojas de menta
2 cebolletas, cortadas en rodajas finas
2 cucharaditas de aceite vegetal
3 tazas de quinoa blanca* cocida (*véase básicos*, p. 179)
mayonesa de tofu (*véase básicos*, p. 179)

Sumergimos 2 minutos el chile en agua hirviendo en un bol refractario,
escurrimos y cortamos en juliana. Mezclamos el chile con la lima y la miel
e incorporamos al pollo, el cilantro, la menta y la cebolleta. Calentamos
una sartén antiadherente grande a fuego vivo. Añadimos el aceite y la quinoa
y cocemos, removiendo, 12-15 minutos o hasta que la quinoa esté ligeramente
crujiente y tostada. Servimos con el pollo con lima y chipotle y con la
mayonesa de tofu. PARA 4 PERSONAS

POLLO ASADO
con QUESO DE CABRA *y* LIMÓN

1 manojito de tomillo
4 pechugas deshuesadas de pollo de 180 g cada una, limpias
100 g de queso de cabra, cortado en lonchas
1 limón, cortado en rodajas finas
pimienta negra machacada
aceite de oliva, para rociar

Colocamos el tomillo en una bandeja de horno forrada con papel de
horno antiadherente. Cubrimos con el pollo, el queso de cabra y el limón,
espolvoreamos con pimienta y rociamos con un poco de aceite. Situamos
el pollo bajo el grill previamente calentado del horno y lo asamos
12-14 minutos o hasta que esté hecho. Podemos servir con verduras
al vapor. PARA 4 PERSONAS

SALTEADO DE TOFU *con* CHILE,
PIMIENTA *y* ALBAHACA

1 cucharada de aceite vegetal
750 g de tofu firme*, escurrido y cortado
2 chiles rojos grandes, cortados en rodajas
4 dientes de ajo, laminados
1 cucharada de jengibre cortado en juliana
1 cucharadita de pimienta negra machacada
200 g de kai-lan*, sin la base y cortado en trozos grandes
¼ taza (60 ml) salsa de soja clara
½ taza (125 ml) de caldo de pollo o de verduras
¼ taza (60 ml) de vino* de Shaoxing
1 taza de hojas de albahaca
vermicelli de arroz cocidos o arroz integral al vapor para servir

Calentamos una sartén antiadherente grande o un wok a fuego vivo.
Le ponemos la mitad del aceite y el tofu, y cocemos, removiendo,
3-4 minutos o hasta que el tofu esté dorado. Sacamos de la sartén y
reservamos. Agregamos el aceite restante, el chile, el ajo, el jengibre
y la pimienta, y cocemos, removiendo, 1-2 minutos. Añadimos el kai-lan,
la soja, el caldo y el vino, y cocemos 2-3 minutos más o hasta que las verduras
estén tiernas. Llevamos de nuevo el tofu a la sartén y cocemos 2 minutos o
hasta que esté caliente. Cubrimos con la albahaca y servimos con vermicelli
o con arroz. PARA 4 PERSONAS

SALTEADO DE TOFU *con* **CHILE, PIMIENTA** *y* **ALBAHACA**

SALTEADO DE TERNERA, BRÓCOLI y SOJA NEGRA

SALTEADO DE TERNERA, BRÓCOLI *y* SOJA NEGRA

1 cucharada de aceite vegetal
1 solomillo de ternera de 375 g, cortado en tajadas
2 chiles rojos largos, cortados en rodajas finas
1 cucharada de jengibre cortado en juliana
2 dientes de ajo, laminados finos
⅔ taza (50 g) de soja negra fermentada,* lavada
360 g de brócoli, cortado en cabezuelas
⅓ taza (60 ml) de caldo de pollo
4 cebolletas, cortadas en rodajas
⅓ taza de hojas de albahaca tailandesa

Calentamos un wok o una sartén antiadherente grande a fuego muy alto. Le ponemos el aceite y la ternera, y cocemos, removiendo, 1-2 minutos o hasta que esté dorada. Agregamos el chile, el jengibre, el ajo y la soja negra, y cocemos, removiendo, 2 minutos. Sacamos del wok y conservamos caliente. Añadimos el brócoli, el caldo y la cebolleta, y cocemos 4 minutos, removiendo, o hasta que estén tiernos. Llevamos de nuevo la ternera al wok y removemos 1 minuto o hasta que esté caliente. Cubrimos con la albahaca para servir. PARA 4 PERSONAS

BROCHETAS DE POLLO AL CURRY VERDE *con* QUINOA AL JENGIBRE

2 cucharadas de pasta de curry verde tailandesa*
¼ taza (60 ml) de crema de coco*
4 pechugas deshuesadas de pollo de 150 g cada una, cortadas en lonchas
3 tazas de quinoa blanca* cocida (*véase básicos*, p. 179)
1 cucharada de jengibre rallado fino
½ taza de hojas de cilantro picadas
2 cebolletas, picadas finas
1 cucharadita de aceite de sésamo
cuartos de lima sin pepitas, hojas de menta y cilantro adicionales para servir

Introducimos la pasta de curry y la crema de coco en un bol y mezclamos bien. Insertamos el pollo en brochetas y colocamos en una bandeja de horno forrada con papel de horno antiadherente. Untamos el pollo con la mezcla con el curry, situamos las brochetas bajo el grill previamente calentado del horno y las asamos 5-7 minutos o hasta que la carne esté hecha.

Introducimos la quinoa, el jengibre, el cilantro, la cebolleta y el aceite de sésamo en un bol y mezclamos bien. Repartimos la quinoa en platos, cubrimos con el pollo y servimos con lima, menta y cilantro. PARA 4 PERSONAS

Me encanta este salteado. Es de lo más APETITOSO, *y sus sabores salados, a especias y a ajo complementan a la perfección la fuerza de la verdura. Y lo mejor de todo es que reúne en un solo plato la* POTENCIA *de la ternera y del* BRÓCOLI *para crear una cena sencilla y rápida.*

BROCHETAS DE POLLO AL CURRY VERDE *con* QUINOA AL JENGIBRE

ENSALADA DE QUINOA ROJA, COL RIZADA *y* HALLOUMI

ENSALADA DE QUINOA ROJA, COL RIZADA y HALLOUMI

150 g de col rizada, sin la base
2½ tazas de quinoa roja* cocida (*véase básicos*, p. 179)
½ taza de hojas de perejil italiano
500 g de halloumi, cortado en lonchas finas
aceite de oliva para pintar
aliño de limón ahumado
2 cucharadas de zumo de limón
1 cucharadita de pimentón dulce ahumado*
1 cucharada de aceite de oliva

Cortamos la col rizada en trozos grandes y los sumergimos 5 minutos en agua hirviendo en un bol refractario. Escurrimos y secamos con papel absorbente. Los mezclamos con la quinoa y el perejil.

Para preparar el aliño de limón ahumado, mezclamos el zumo de limón, el pimentón y el aceite. Rociamos con el aliño obtenido la ensalada y mezclamos bien.

Calentamos una sartén antiadherente a fuego medio-alto. Pintamos el halloumi con un poco de aceite y cocemos 1-2 minutos por cada lado o hasta que esté dorado. Repartimos la ensalada en platos y cubrimos con el halloumi para servir. PARA 4 PERSONAS

ENSALADA DE TOMATE y POLLO AL LIMÓN

4 tomates tradicionales, cortados en rodajas gruesas
2 mozzarellas* de búfala grandes, partidas por la mitad
1 taza de hojas de menta
3 pechugas deshuesadas de pollo de 180 g cada una, escalfadas al limón (*véase básicos*, p. 182)
150 g de hojas de rúcula, cortadas en juliana
aliño de limón
2 cucharadas de ralladura fina de limón
1½ cucharadas de azúcar lustre (extrafino)
3 cucharadas de zumo de limón
2 cucharadas de aceite de oliva
sal marina

Para preparar el aliño de limón, mezclamos la ralladura de limón, el azúcar, el zumo de limón, el aceite y la sal. Reservamos.

Repartimos el tomate, la mozzarella y la menta en platos. Cortamos el pollo en lonchas y mezclamos con la rúcula. Cubrimos el tomate con la mezcla con el pollo y rociamos con el aliño para servir. PARA 4 PERSONAS

TORTILLA BÁSICA

4 huevos
2 claras de huevo adicionales
1¼ tazas (310 ml) de leche
sal marina y pimienta negra machacada

Introducimos los huevos, las claras adicionales, la leche, la sal y la pimienta en un bol y mezclamos bien. Calentamos una sartén antiadherente de 18 cm apta para el horno a fuego medio. Añadimos el relleno si lo usamos+ y cocemos 3 minutos o hasta que la base esté hecha. Situamos bajo el grill previamente calentado del horno y asamos 5 minutos o hasta que la tortilla esté dorada. PARA 4 PERSONAS
+ *Encontrarás rellenos y variaciones en las páginas 66-67.*

Esta ensalada es como capturar el VERANO en un plato. El limón, la menta y la rúcula le aportan frescor, mientras que el pollo con sabor a limón le da SUSTANCIA. Y el aporte final de la CREMOSA mozzarella sobre los jugosos tomates la convierte en una ensalada fresca y vibrante.

ENSALADA DE TOMATE *y* POLLO AL LIMÓN

TORTILLA – *encontrarás la receta de la tortilla básica en la página 64*

CALABAZA *y* COLIFLOR

Precalentamos el horno a 200 °C. Colocamos 250 g de calabaza picada, 150 g de cabezuelas de coliflor, 2 cucharaditas de aceite de oliva y 1 cucharadita de copos de chile en una bandeja de horno forrada con papel de horno antiadherente, removemos para mezclar y asamos 25 minutos o hasta que estén blandas. Ponemos en la sartén e incorporamos la mezcla de la tortilla básica. Cubrimos con hojas de salvia y cocemos como en la receta básica (p. 64).

GUISANTES *y* RICOTTA

Cocemos 1½ tazas (180 g) de guisantes y 100 g de hojas de espinacas baby en la sartén 3 minutos o hasta que estén calientes. Incorporamos la mezcla de la tortilla básica, cubrimos con 150 g de ricotta y cocemos como en la receta básica (p. 64). Cubrimos la tortilla hecha con hojas de menta para servir.

ALBAHACA *y* TOMATE

Incorporamos ½ taza de albahaca cortada en juliana a la mezcla de la tortilla básica. Añadimos ¼ taza de halloumi rallado, espolvoreamos con 2 cucharadas de parmesano rallado y cocemos como en la receta básica (p. 64). Cubrimos la tortilla hecha con 250 g de tomates cherry cortados por la mitad, ¼ taza adicional de halloumi rallado y hojas de albahaca adicionales para servir.

La tortilla es un lienzo en BLANCO *para una* DELICIOSA CENA

ZANAHORIA ESPECIADA

Calentamos 2 cucharaditas de aceite en la sartén, añadimos 1 cucharadita de comino molido y otra de copos de chile, y cocemos 2 minutos. Agregamos 1½ tazas de zanahoria rallada y cocemos 4 minutos o hasta que se haya evaporado toda la humedad. Incorporamos la mezcla de la tortilla básica y cubrimos con 150 g de queso de cabra. Cocemos como en la receta básica (p. 64) y cubrimos con hojas de cilantro para servir.

COL RIZADA *y* BEICON

Cocemos 3 lonchas de beicon 3 minutos en la sartén. Añadimos 100 g de col rizada cortada en juliana y cocemos 2 minutos o hasta que esté blanda. Incorporamos la mezcla de la tortilla básica y cubrimos con 2 cucharadas de parmesano rallado fino. Cocemos como en la receta básica (p. 64).

CALABACÍN, LIMÓN *y* FETA

Cocemos 1½ tazas de calabacín rallado y 2 cucharaditas de ralladura fina de limón en la sartén 2 minutos hasta que esté blando. Añadimos 2 cucharaditas de eneldo picado e incorporamos la mezcla de la tortilla básica. Cubrimos con 150 g de feta desmenuzado y cocemos como en la receta básica (p. 64).

SALTEADO DE POLLO, APIO *y* PIMIENTA NEGRA

TACOS DE PESCADO PICANTE *y* LIMA

SALTEADO DE POLLO, APIO *y* PIMIENTA NEGRA

1 cucharada de aceite vegetal
1 cucharadita de pimienta negra machacada gruesa
½ cucharadita de copos de chile
½ cucharadita de sal marina en escamas
1 cebolla blanca, cortada en rodajas gruesas
3 pechugas deshuesadas de pollo de 180 g cada una,
    limpias y cortadas en lonchas finas
3 tallos de apio, sin los extremos y cortados gruesos
hojas de cilantro y cuartos de lima sin pepitas para servir

Calentamos una sartén antiadherente grande o un wok a fuego vivo.
Le ponemos el aceite, la pimienta, el chile y la sal, y cocemos, removiendo,
2 minutos. Añadimos la cebolla y cocemos 5 minutos. Agregamos el pollo
y cocemos, removiendo, 5 minutos o hasta que el pollo esté bien dorado.
Incorporamos el apio y cocemos 2 minutos más. Repartimos en platos
y servimos con lima y cilantro. Podemos acompañar el plato de noodles
de arroz. PARA 4 PERSONAS

TACOS DE PESCADO PICANTE *y* LIMA

½ cucharadita de copos de chile
1 cucharada de zumo de lima
1 cucharada de aceite vegetal
sal marina y pimienta negra machacada
8 filetes de pescado blanco de carne firme de 80 g cada uno, con piel
8 hojas de lechuga trocadero
8 tortillas de harina, calientes
mayonesa de tofu, lima y cilantro (*véase básicos*, p. 179)
gajos de lima, jalapeños encurtidos cortados en rodajas y hojas de cilantro
    para servir

Mezclamos los copos de chile, el zumo de lima, el aceite, la sal y la pimienta,
y recubrimos ambos lados del pescado con la mezcla obtenida. Calentamos
una sartén antiadherente grande a fuego vivo. Cocemos el pescado,
por tandas, 1-2 minutos por cada lado o hasta que esté hecho. Repartimos
la lechuga en las tortillas de harina y cubrimos con el pescado. Servimos
con mayonesa de tofu, lima y cilantro, gajos de lima, jalapeños y cilantro.
PARA 4 PERSONAS

MINESTRONE DE QUINOA *con* PESTO DE RÚCULA

2 cucharaditas de aceite vegetal
2 puerros, sin los extremos y picados
2 cucharadas de hojas de orégano
2 chirivías pequeñas, peladas, sin el corazón y picadas
1 bulbo de hinojo, picado fino
300 g de calabaza o de boniato, pelado y picado
250 g de judías verdes, sin los extremos y picadas
2 tazas (400 g) de quinoa roja*
2 litros de caldo de pollo o de verduras
2 tazas (560 g de puré de tomate (passata)
pesto de rúcula
50 g de hojas de rúcula, picadas finas
1 diente de ajo, machacado
2 cucharadas de piñones, picados
1 cucharada de parmesano rallado
1 cucharada de ralladura fina de limón
1 cucharada de zumo de limón
1 cucharada de aceite de oliva

Calentamos un cazo a fuego medio-alto. Introducimos en él el aceite,
el puerro y el orégano y cocemos 5 minutos o hasta que esté blando.
Añadimos la chirivía, el hinojo, la calabaza, las judías, la quinoa, el caldo
y el puré de tomate, y llevamos a ebullición. Reducimos el fuego a lento,
tapamos el cazo y cocemos 8-10 minutos o hasta que las verduras
y la quinoa estén tiernas.

    Para preparar el pesto de rúcula, mezclamos la rúcula, el ajo, los piñones,
el parmesano, la ralladura y el zumo de limón, y el aceite de oliva. Repartimos
la sopa en boles y cubrimos con el pesto de rúcula para servir. PARA 4 PERSONAS

MINESTRONE DE QUINOA *con* PESTO DE RÚCULA

POLLO ESCALFADO AL JENGIBRE *con* ENSALADA DE MANZANA *e* HINOJO

POLLO ESCALFADO AL JENGIBRE
con ENSALADA DE MANZANA *e* HINOJO

2 tazas (500 ml) de caldo de pollo

8 rodajas de jengibre

2 dientes de ajo, laminados

3 pechugas deshuesadas de pollo de 180 g cada una, limpias

1 cucharada de semillas de sésamo, tostadas

sal marina

ensalada de manzana e hinojo

2 bulbos de hinojo baby, cortados en rodajas finas con una mandolina

1 manzana Granny Smith, cortada en rodajas finas con una mandolina

1 taza de hojas de menta

¾ taza (180 ml) de suero de leche

2 cucharadas de zumo de limón

Introducimos el caldo, el jengibre y el ajo en una sartén honda a fuego medio y reducimos el fuego a lento. Añadimos el pollo y cocemos 5 minutos por cada lado. Retiramos la sartén del fuego y dejamos reposar el pollo 10 minutos. Sacamos el pollo del caldo, lo desmenuzamos y lo mezclamos con las semillas de sésamo y la sal.

Para preparar la ensalada de manzana e hinojo, mezclamos el hinojo, la manzana y la menta. Repartimos en platos y cubrimos con el pollo desmenuzado. Mezclamos el suero de leche y el zumo de limón, y rociamos la ensalada para servir. PARA 4 PERSONAS

POLLO A LA PARRILLA
con JENGIBRE *y* CITRONELA

1 cucharada de jengibre rallado

2 tallos de citronela*, solo la parte blanca, picados muy finos

2 cucharadas de hojas de cilantro picadas

1 cucharada de aceite vegetal

sal marina y pimienta negra machacada

4 pechugas deshuesadas de pollo de 180 g cada una, limpias y cortadas longitudinalmente por la mitad

2 pepinos libaneses, cortados longitudinalmente en láminas gruesas

½ cebolla roja, cortada en rodajas finas

1½ tazas de hojas de cilantro adicionales

1½ tazas de hojas de menta

kecap manis* (salsa de soja dulce) y cuartos de lima sin pepitas para servir

Mezclamos el jengibre, la citronela, el cilantro, el aceite, la sal y la pimienta. Extendemos la mezcla obtenida sobre el pollo y dejamos marinar 10 minutos. Calentamos una parrilla antiadherente o una barbacoa a fuego vivo y asamos el pollo 2-3 minutos por cada lado o hasta que esté hecho.

Repartimos el pepino, la cebolla, el cilantro y la menta en platos. Cubrimos con el pollo, rociamos con el kecap manis y servimos con la lima. PARA 4 PERSONAS

Los elementos de esta ensalada combinan DIVINAMENTE. *El dulzor crujiente de la manzana y el amargor del hinojo maridan a la* PERFECCIÓN, *mientras que la acidez del limón y la cremosidad del suero de leche proporcionan un contraste maravilloso. Un poco de jengibre en el pollo lo* UNE *todo entre sí.*

POLLO A LA PARRILLA *con* JENGIBRE *y* CITRONELA

SOPA VERDE BÁSICA

SOPA VERDE BÁSICA

2 cucharaditas de aceite de oliva
1 puerro, sin los extremos y cortado en rodajas
2 dientes de ajo, laminados
400 g de brócoli, picado
150 g de col rizada, picada gruesa
100 g de espinacas, picadas gruesas
100 g de acelgas, picadas gruesas
2 litros de caldo de pollo o de verduras
2 cucharaditas de ralladura de limón
sal marina y pimienta negra machacada
300 g de tofu sedoso*

Calentamos un cazo grande a fuego vivo. Ponemos en él el aceite, el puerro y el ajo, y cocemos 5 minutos o hasta que estén muy blandos. Añadimos el brócoli, la col rizada, las espinacas, la acelga y el caldo. Llevamos a ebullición, reducimos el fuego, tapamos el cazo y cocemos 5 minutos o hasta que las verduras estén tiernas. Incorporamos la ralladura de limón y salpimentamos. Batimos a máquina la sopa hasta obtener una mezcla homogénea. Añadimos el tofu y batimos hasta obtener una mezcla homogénea. PARA 4 PERSONAS

POLLO *con* COL RIZADA *y* LIMÓN EN CONSERVA

1 cucharada de aceite vegetal
2 cucharadas de peladura de limón en conserva* cortada en juliana
3 dientes de ajo, machacados
¼ taza (35 g) de almendras cortadas en juliana
3 tazas de arroz integral cocido+
3 pechugas deshuesadas de pollo de 180 g cada una, limpias y cortadas en lonchas finas
200 g de col rizada, sin la base y picada gruesa

Mezclamos el aceite, la peladura de limón y el ajo. Calentamos una sartén honda a fuego vivo. Ponemos en ella la mezcla con el limón y las almendras, y cocemos 3 minutos o hasta que las almendras estén doradas. Añadimos el arroz y cocemos, removiendo, 5-7 minutos o hasta que esté caliente y algo crujiente. Sacamos de la sartén y reservamos.

Limpiamos la sartén con papel absorbente y la calentamos a fuego vivo. Ponemos en ella la mezcla con el limón restante y el pollo, y cocemos, removiendo, 3-4 minutos o hasta que el pollo esté bien dorado. Añadimos la col rizada y cocemos, removiendo, 2-3 minutos. Llevamos de nuevo el arroz a la sartén y cocemos, removiendo, 3 minutos o hasta que esté caliente. Repartimos en platos para servir. PARA 4 PERSONAS
+ *De 1 taza (200 g) de arroz crudo obtenemos 3 tazas de arroz cocido.*

La potente col rizada precisa un sabor FUERTE *que la complemente, algo para lo que el limón en conserva y las* ALMENDRAS *tostadas son ideales. Puedes tomar este plato a modo de ensalada* CALIENTE, *y sus sobras son perfectas para llevar al trabajo para almorzar.*

POLLO *con* COL RIZADA *y* LIMÓN EN CONSERVA

SALSA PARA PASTA SIN COCCIÓN

MENTA, LIMÓN y FETA

Mezclamos 1 taza de hojas de menta, 2 calabacines
cortados en juliana, 2 cucharaditas de ralladura
fina de limón, ⅓ taza (80 ml) de zumo de limón,
2 cucharaditas de aceite de oliva, 100 g de
feta desmenuzado, sal y pimienta. Añadimos
a 200 g de espaguetis calientes para servir.
PARA 2 PERSONAS

ACEITUNAS VERDES
y ALMENDRAS TOSTADAS

Mezclamos ½ taza (80 g) de aceitunas verdes
laminadas, ¼ taza (35 g) de almendras tostadas
cortadas en juliana, 50 g de hojas de rúcula
baby cortadas en juliana, 2 cucharadas de zumo
de limón y 2 más de aceite de oliva, parmesano
rallado fino, sal y pimienta. Añadimos a 200 g de
espaguetis calientes para servir. **PARA 2 PERSONAS**

DOS TOMATES y ALBAHACA

Mezclamos ⅓ taza de tomates secados al sol
picados finos, 250 g de tomates cherry cortados
en cuartos, 1 taza de hojas de albahaca, 1 cucharada
de vinagre balsámico blanco y otra de aceite
de oliva, sal marina, pimienta negra machacada
y parmesano rallado fino. Añadimos a 200 g
de espaguetis calientes para servir.
PARA 2 PERSONAS

Estas salsas SIN COCCIÓN *son* RÁPIDAS Y FRESCAS

TRUCHA AHUMADA *y* RICOTTA

Mezclamos 300 g de trucha ahumada desmenuzada, ½ taza de hojas de perejil italiano, 1 cucharada de ralladura fina de limón y otra de zumo de limón, 2 cucharadas de aceite de oliva, sal y pimienta. Añadimos a 200 g de espaguetis calientes y cubrimos con 1 taza (200 g) de ricotta desmenuzado para servir. **PARA 2 PERSONAS**

PESTO DE BRÓCOLI

Introducimos 300 g de brócoli blanqueado, 1 diente de ajo machacado, ½ taza de hojas de perejil italiano, ⅓ taza (50 g) de piñones y 2 cucharadas de aceite de oliva en un robot de cocina y trituramos bien. Añadimos a 200 g de espaguetis calientes y espolvoreamos con parmesano rallado fino, sal y pimienta.
PARA 2 PERSONAS

ATÚN, CHILE, RÚCULA *y* LIMÓN

Mezclamos 185 g de atún de lata escurrido, 1 chile rojo largo picado, 1 puñado de hojas de rúcula partidas, ¼ taza (60 ml) de zumo de limón, 1 cucharada de aceite de oliva y 2 cucharadas de alcaparras lavadas. Añadimos a 200 g de espaguetis calientes para servir.
PARA 2 PERSONAS

JUDÍAS DE LIMA AL HORNO

BROCHETAS DE POLLO, NARANJA e HINOJO con ENSALADA DE ZANAHORIA

JUDÍAS DE LIMA AL HORNO

8 dientes de ajo, pelados
750 g de tomates cherry
100 g de panceta italiana extendida*, cortada en trozos pequeños
6 ramitas de orégano
800 g de judías de Lima cocidas, lavadas y escurridas
½ taza (125 ml) de caldo de pollo o de verduras
parmesano rallado y pan de masa fermentada a la brasa para servir

Precalentamos el horno a 200 °C. Colocamos el ajo, el tomate, la panceta italiana y el orégano en una bandeja de horno y asamos 30 minutos. Añadimos las judías y el caldo, y asamos 10 minutos más o hasta que las judías estén calientes. Espolvoreamos con el parmesano y servimos con el pan. También podemos acompañar el plato de espinacas baby cocidas. PARA 4 PERSONAS

BROCHETAS DE POLLO, NARANJA
e HINOJO *con* ENSALADA DE ZANAHORIA

¼ taza (60 ml) de zumo de naranja
1 cucharada de miel
1 cucharadita de semillas de hinojo, tostadas
1 cucharada de aceite vegetal
1 cucharada de zumo de limón
1 diente de ajo, machacado
750 g de muslo deshuesado de pollo, limpio y cortado en lonchas
12 zanahorias arcoiris baby, cortadas en láminas finas con un pelador

Introducimos el zumo de naranja, la miel, el hinojo, el aceite, el zumo de limón y el ajo en un bol. Introducimos el pollo en otro bol, cubrimos con la mitad de la mezcla con el zumo de naranja y dejamos marinar 20 minutos en la nevera. Insertamos el pollo en brochetas, las colocamos en una bandeja de horno forrada con papel de horno antiadherente, situamos bajo el grill previamente calentado del horno y asamos 2 minutos por cada lado, rociando con la marinada, o hasta que el pollo esté hecho.

Incorporamos la zanahoria al resto de la mezcla con la naranja, repartimos en platos y cubrimos con el pollo para servir. PARA 4 PERSONAS

SOPA DE POLLO AL LIMÓN EN CONSERVA

1,5 litros de caldo de pollo
1 cucharada de peladura de limón en conserva* cortada en juliana
2 pechugas deshuesadas de pollo de 180 g cada una, limpias
1 tallo de apio, sin los extremos y picado
1 calabacín, picado
6 espárragos, cortados en láminas finas con un pelador
1½ tazas de orzo o pasta corta cocida
2 cucharaditas de hojas de tomillo
2 cebolletas, cortadas en rodajas
sal marina y pimienta negra machacada

Introducimos el caldo y la peladura de limón en un cazo a fuego medio-alto y llevamos a ebullición. Añadimos el pollo, tapamos el cazo y cocemos 5 minutos o hasta que esté hecho. Sacamos el pollo del caldo, desmenuzamos y reservamos.

Incorporamos el apio y el calabacín al cazo y cocemos 3 minutos. Agregamos los espárragos y cocemos 1 minuto. Llevamos de nuevo el pollo al cazo, junto con el orzo, el tomillo, las cebolletas, la sal y la pimienta, y cocemos hasta que esté todo caliente. PARA 4 PERSONAS

SOPA DE POLLO AL LIMÓN EN CONSERVA

ESTOFADO DE PESCADO *con* GREMOLATA

HAMBURGUESAS DE POLLO y ESPINACAS

HAMBURGUESAS DE POLLO *y* ESPINACAS

200 g de espinacas, sin la base
1 rebanada gruesa de pan fresco
1 pechuga deshuesada de pollo de 180 g, limpia y cortada en trozos
   pequeños
375 g de muslo deshuesado de pollo, limpio y cortado en trozos pequeños
1 clara de huevo
sal marina y pimienta negra machacada
½ taza de hojas de perejil italiano, picadas
100 g de feta, cortado en trocitos pequeños
2 cebolletas, picadas
⅓ taza (50 g) de semillas de sésamo
aceite de oliva para pintar
gajos de limón y mayonesa de tofu y lima (véase *básicos*, p. 179) para servir

Precalentamos el horno a 180 °C. Sumergimos 1 minuto las espinacas
en agua hirviendo en un bol refractario. Las escurrimos para quitarles
el exceso de agua, las picamos gruesas y reservamos.

   Introducimos el pan en un robot de cocina y trituramos para obtener
pan rallado grueso. Añadimos el pollo, la clara de huevo, la sal y la pimienta
y activamos hasta que esté todo bien triturado y mezclado. Llevamos
a un bol y añadimos las espinacas, el perejil, el feta y la cebolleta, y mezclamos
bien. Damos forma de hamburguesas a la mezcla usando ⅓ taza para cada
una de ellas y las presionamos después por ambos lados sobre las semillas
de sésamo. Pintamos las hamburguesas con un poco de aceite. Calentamos
una sartén antiadherente grande a fuego medio. Cocemos las hamburguesas
3 minutos por cada lado o hasta que estén doradas. Llevamos a una bandeja
de horno forrada con papel de horno antiadherente y asamos 8 minutos
o hasta que estén hechas. Servimos con el limón, la mayonesa. Podemos
acompañar el plato de una ensalada sencilla de tomate y albahaca.
PARA 10 PERSONAS

ESTOFADO DE PESCADO *con* GREMOLATA

1 cucharada de aceite de oliva
4 chalotas, peladas y cortadas en rodajas finas
2 dientes de ajo, laminados
1 cucharadita de copos de chile
750 ml de caldo de pescado
400 g de tomates cherry enlatados
750 g de filetes de pescado blanco de carne firme, sin la piel, cortados en
   dados
16 almejas, limpias
sal marina y pimienta negra machacada
½ taza de hojas de perejil italiano
1 cucharada de ralladura fina de limón

Calentamos una sartén honda a fuego medio-alto. Ponemos en ella el aceite,
las chalotas, el ajo y el chile, y cocemos 2 minutos o hasta que estén blandos.
Añadimos el caldo y los tomates y cocemos 10 minutos a fuego lento.
Agregamos el pescado, las almejas, la sal y la pimienta, y cocemos 5 minutos
o hasta que el pescado esté hecho y las almejas se hayan abierto. Repartimos
la sopa en boles y cubrimos con el perejil y la ralladura de limón para servir.
PARA 4 PERSONAS

BACALAO *con* EDAMAME *y* MISO

2 cucharadas de salsa de soja baja en sal
1 cucharada de miel
1 cucharada de miso blanco*
1 cucharada de jengibre rallado fino
4 filetes de bacalao de 150 g cada uno, sin la piel
2 pepinos libaneses, cortados longitudinalmente en tiras
180 g de edamame desvainado (soja verde), blanqueado
4 cebolletas, cortadas en rodajas finas
aliño de miso
2 cucharadas de miso blanco*
¼ taza (60 ml) de mirin*
2 cucharaditas de jengibre rallado fino
1 cucharadita de aceite de sésamo

Para preparar el aliño de miso, introducimos el miso, el mirin, el jengibre
y el aceite de sésamo en un bol y mezclamos bien. Reservamos.

   Mezclamos la soja, la miel, el miso y el jengibre, y vertemos sobre
el pescado. Dejamos marinar en la nevera 10 minutos por cada lado.
Calentamos una sartén antiadherente grande a fuego vivo. Ponemos
en ella el pescado y cocemos 3 minutos por cada lado o hasta que
el pescado esté algo ennegrecido por fuera y cocido al gusto.

   Repartimos el pepino, el edamame y la cebolleta en platos. Cubrimos
con el pescado y rociamos con el aliño de miso para servir. PARA 4 PERSONAS

BACALAO *con* EDAMAME *y* MISO

CENAS

Estas cenas SACIANTES contienen ingeniosas interpretaciones de platos clásicos con proteínas, cereales y muchos otros ingredientes. Todos ellos, desde los preparados con un ÚNICO cacharro y COMPARTIDOS hasta las parrilladas y los asados generosos, son ideales para alimentar a toda la familia. También he incluido mis secretos más LIGEROS para las masas, y comidas para cualquier estación, tanto si se trata de una ABUNDANTE ensalada de verano como de una sopa para entrar en calor en invierno.

ÑOQUIS DE ESPINACAS *y* RICOTTA

FALAFEL DE LENTEJAS *con* SALSA DE YOGUR *y* AJO

POLLO ASADO *con* QUINOA *y* GREMOLATA DE ACEITUNAS

1½ tazas (300 g) de quinoa blanca*
2⅔ tazas (660 ml) de caldo de pollo
150 g de judías verdes, sin los extremos
4 pechugas deshuesadas de pollo de 150 g cada una, limpias
sal marina y pimienta negra machacada
gremolata de aceitunas
1½ tazas de hojas de perejil italiano picadas gruesas
1 taza de hojas de menta picadas gruesas
1 cucharada de ralladura fina de limón
2 cucharadas de zumo de limón
½ taza (80 g) de aceitunas negras picadas
1 cucharada de aceite de oliva

Precalentamos el horno a 180 °C. Colocamos la quinoa en una fuente de horno. Calentamos el caldo en un cazo hasta que hierva y lo vertemos sobre la quinoa. Tapamos la fuente y horneamos 10 minutos. Removemos la quinoa y cubrimos con las judías y el pollo. Espolvoreamos con sal y pimienta, y tapamos bien la fuente con papel de aluminio. Horneamos 25-30 minutos o hasta que la quinoa esté tierna y el pollo, cocido.

Mientras se asa el pollo, preparamos la gremolata de aceitunas. Mezclamos bien el perejil, la menta, la ralladura y el zumo de limón, las aceitunas y el aceite. Repartimos el pollo y la quinoa en platos y rociamos con la gremolata de aceitunas para servir. PARA 4 PERSONAS

ÑOQUIS DE ESPINACAS *y* RICOTTA

450 g de espinacas congeladas, descongeladas
1½ tazas (300 g) de ricotta
½ taza (40 g) de parmesano rallado fino
1 cucharada de ralladura fina de limón
1¼ tazas (190 g) de harina sin levadura
2 huevos
4-6 tomates tradicionales, cortados en rodajas
½ taza de hojas de albahaca
sal marina y pimienta negra machacada
aceite de oliva y parmesano rallado fino para servir

Escurrimos las espinacas y las introducimos en un bol junto con los quesos, el limón, la harina y los huevos. Formamos una masa homogénea, la colocamos en una superficie espolvoreada con harina y la dividimos en 2. Enrollamos cada parte hasta unos 40 cm de longitud y la cortamos en trozos de 3 cm. Disponemos en una bandeja espolvoreada con harina hasta el momento de cocerlos.

Cocemos los ñoquis en un cazo grande con agua salada hirviendo 5 minutos o hasta que estén cocidos. Repartimos el tomate y los ñoquis en platos, cubrimos con la albahaca y espolvoreamos con sal y pimienta. Rociamos con un poco de aceite de oliva y espolvoreamos con parmesano para servir. PARA 4 PERSONAS

FALAFEL DE LENTEJAS *con* SALSA DE YOGUR *y* AJO

400 g de lentejas pardinas cocidas, lavadas y escurridas
1 taza (70 g) de pan rallado fresco
100 g de ricotta
1 huevo
1 cucharadita de comino molido
½ taza de hojas de cilantro
1 cucharadita de ralladura fina de limón
sal marina y pimienta negra machacada
aceite vegetal para pintar
hojas verdes de ensalada y brotes de mostaza* para servir
salsa de yogur y ajo
1 taza (280 g) de yogur griego natural
2 dientes de ajo, machacados
2 cucharadas de tahini*
2 cucharadas de zumo de limón
2 cucharadas de cebollinos picados

Precalentamos el horno a 220 °C. Para preparar la salsa de yogur y ajo, mezclamos el yogur, el ajo, el tahini, el zumo de limón y los cebollinos. Reservamos.

Introducimos las lentejas, el pan rallado, el ricotta, el huevo, el comino, el cilantro, el limón, la sal y la pimienta en un robot de cocina y activamos hasta que los ingredientes estén mezclados. Damos forma de hamburguesas pequeñas a la mezcla usando 2 cucharadas para cada una de ellas y las colocamos en una bandeja de horno forrada con papel de horno antiadherente. Pintamos las hamburguesas con un poco de aceite y las asamos 10 minutos por cada lado o hasta que estén crujientes. Repartimos los falafels en los platos con las hojas verdes de ensalada y los brotes, y servimos con la salsa de yogur y ajo. PARA 4 PERSONAS

POLLO ASADO *con* QUINOA *y* GREMOLATA DE ACEITUNAS

CORDERO y BERENJENA A LA PARRILLA con FETA y MENTA

CORDERO *y* BERENJENA A LA PARRILLA
con FETA *y* MENTA

2 cucharadas de aceite de oliva
2 cucharadas de vinagre de vino tinto
2 cucharadas de orégano picado
sal marina y pimienta negra machacada
550 g de lomo deshuesado de cordero
2 berenjenas pequeñas, cortadas longitudinalmente en láminas
1½ tazas de hojas de menta
½ taza de ramitas de eneldo
150 g de feta duro, desmenuzado
1 cucharada de zumo de limón
1 cucharadita de miel

Mezclamos el aceite, el vinagre, el orégano, la sal y la pimienta y pintamos el cordero y la berenjena. Asamos en una parrilla o una barbacoa calientes 3-4 minutos por cada lado o hasta que la berenjena esté dorada y tierna, y el cordero esté hecho al gusto.

Cortamos el cordero en tajadas gruesas y repartimos en platos junto con la berenjena. Cubrimos con la menta, el eneldo y el feta. Mezclamos el zumo de limón y la miel, y rociamos el cordero para servir. PARA 4 PERSONAS

LARB DE POLLO PICANTE
con PEPINO ENCURTIDO

500 g de carne de pollo picada
2 cucharadas de jengibre rallado
3 dientes de ajo, machacados
¼ taza de mermelada de chile*
1 cucharada de aceite vegetal
1 cucharada de salsa de pescado asiática*
2 cucharadas de zumo de lima
hojas de cilantro y hojas de lechuga trocadero para servir
pepino encurtido
2 cucharadas de vinagre de vino tinto*
1 diente de ajo, machacado
2 cucharaditas de azúcar lustre (extrafino)
2 pepinos libaneses, cortados en láminas finas usando un pelador
1 chile rojo largo, cortado en rodajas

Para preparar el pepino encurtido, introducimos el vinagre, el ajo y el azúcar en un bol y removemos para disolver el azúcar. Añadimos el pepino y el chile, y dejamos reposar 10 minutos.

Ponemos el pollo, el jengibre, el ajo y la mermelada de chile en un bol y mezclamos bien. Calentamos el aceite en un wok o una sartén antiadherente a fuego vivo. Le ponemos la mezcla con el pollo y cocemos, removiendo, 5 minutos o hasta que el pollo esté dorado. Agregamos la salsa de pescado y el zumo de lima, y cocemos 3-4 minutos más o hasta que el pollo esté hecho. Repartimos el pollo en boles, cubrimos con el cilantro y servimos con las hojas de lechuga y el pepino encurtido. PARA 4 PERSONAS

Esta es mi interpretación de ingredientes mediterráneos CLÁSICOS *con un toque más ligero. El cordero y la berenjena asados a la parrilla aportan un delicioso acabado* AHUMADO *al plato, que completan estupendamente el sabor salado del feta, el* FRESCOR *de la menta y el dulzor penetrante de la miel.*

LARB DE POLLO PICANTE con PEPINO ENCURTIDO

BUÑUELOS DE GUISANTES y QUINOA con CALABACÍN

BUÑUELOS DE GUISANTES *y* QUINOA *con* CALABACÍN

2 tazas (240 g) de guisantes cocidos
2 tazas de quinoa blanca* cocida (véase *básicos*, p. 179)
1 clara de huevo
2 cucharadas de harina de arroz*
2 cucharadas de aceite vegetal
sal marina y pimienta negra machacada
2 cucharaditas de aceite vegetal adicional
2 calabacines, cortados en juliana
1 cucharada de zumo de limón
½ taza de hojas de menta
⅔ taza de queso de yogur, (véase *básicos*, p. 176)
cuartos de limón sin pepitas para servir

Trituramos gruesos la mitad de los guisantes, los introducimos en un bol junto con la quinoa, la clara de huevo, la harina de arroz, el aceite, la sal y la pimienta, y mezclamos bien. Damos forma de hamburguesas delgadas a la mezcla usando ¼ taza para cada una de ellas. Calentamos el aceite adicional en una sartén antiadherente grande a fuego medio y las cocemos, por tandas, 3-4 minutos por cada lado o hasta que estén doradas. Escurrimos sobre papel absorbente. Mezclamos los guisantes restantes con el calabacín, el limón y la menta y servimos con los buñuelos, el queso de yogur y los cuartos de limón.
PARA 4 PERSONAS

PASTEL DE CALABAZA *con* MASA DE QUINOA

1½ tazas de quinoa blanca* cocida (véase *básicos*, p. 179)
1 clara de huevo
sal marina y pimienta negra machacada
relleno de calabaza asada
1 kg de calabaza moscada, pelada y cortada en trozos pequeños
2 calabacines pequeños, picados
8 ramitas de salvia
sal marina y pimienta negra machacada
1 cucharada de aceite vegetal
150 g de feta duro, cortado en lonchas

Precalentamos el horno a 200 °C. Para preparar el relleno de calabaza asada, mezclamos la calabaza, el calabacín, la salvia, la sal, la pimienta y el aceite, y los colocamos en una bandeja de horno. Asamos 25 minutos o hasta que la calabaza esté blanda y reservamos.

Reducimos la temperatura a 160 °C. Introducimos la quinoa, la clara de huevo, la sal y la pimienta en un bol y mezclamos bien. Presionamos la mezcla obtenida en un molde de cerámica engrasado de 20 cm con el dorso de una cuchara. Horneamos la masa del pastel 30 minutos o hasta que esté ligeramente crujiente. Llenamos la masa del pastel con la mezcla con la calabaza y cubrimos con el feta. Horneamos 15 minutos o hasta que las verduras estén calientes y el feta se haya dorado. Servimos caliente cortado en porciones. **PARA 4 PERSONAS**

Este es mi TRUCO *para conseguir un pastel con una masa crujiente sin usar montones de mantequilla y de harina. Es un ejemplo más de la* VERSATILIDAD *de la quinoa en la cocina. También la he usado en los* DELICIOSOS *buñuelos dorados, que me apetecen igualmente fríos para almorzar.*

PASTEL DE CALABAZA con MASA DE QUINOA

PAPILLOTES

PESCADO *y* SALSA XO

Colocamos un pak choi cortado por la mitad
en una hoja de papel de horno antiadherente.
Cubrimos con un filete de pescado blanco
de carne firme y rociamos con zumo de limón
y aceite de sésamo. Doblamos los extremos
del papel para dejar encerrado el relleno, situamos
en una bandeja de horno y asamos 12-15 minutos
a 200 °C. Rociamos con la salsa XO* para servir.

GAMBAS *con* AJO

Colocamos judías verdes variadas sin los extremos
en una hoja de papel de horno antiadherente.
Cubrimos con gambas crudas peladas,
espolvoreamos con chile rojo picado y ajo
machacado, y rociamos con aceite. Doblamos los
extremos del papel para dejar encerrado el relleno,
situamos en una bandeja de horno y asamos 12-15
minutos a 200 °C. Cubrimos con perejil italiano
para servir.

POLLO ESPECIADO

Colocamos boniato cortado en juliana en una
hoja de papel de horno antiadherente. Cubrimos
con una pechuga de pollo, espolvoreamos con
zaatar* y rociamos con un poco de aceite vegetal.
Doblamos los extremos del papel para dejar
encerrado el relleno, situamos en una bandeja de
horno y asamos 12-15 minutos a 200 °C. Servimos
con yogur griego natural y hojas de menta.

Prepara una CENA *en papillotes y disfruta de unos* SABORES FRAGANTES

SALMÓN, COCO y LIMA

Colocamos ½ taza de arroz integral cocido en una hoja de papel de horno antiadherente. Cubrimos con un filete de salmón, espolvoreamos con chile y lima kaffir cortados en juliana, y rociamos con leche de coco. Doblamos los extremos del papel para dejar encerrado el relleno, situamos en una bandeja de horno y asamos 12-15 minutos a 200 °C. Servimos con hojas de menta y cilantro.

TOFU y MERMELADA DE CHILE

Colocamos judías verdes sin los extremos en una hoja de papel de horno antiadherente. Cubrimos con lonchas gruesas de tofu firme y con mermelada de chile*. Doblamos los extremos del papel para dejar encerrado el relleno, situamos en una bandeja de horno y asamos 12-15 minutos a 200 °C. Cubrimos con cebolleta y chile rojo cortados en rodajas para servir.

MEJILLONES MARROQUÍES

Colocamos ½ taza de cuscús cocido en una hoja de papel de horno antiadherente. Cubrimos con mejillones y con unas cuantas cucharadas de chermoula*, y rociamos con leche de coco. Doblamos los extremos del papel para dejar encerrado el relleno, situamos en una bandeja de horno y asamos 12-15 minutos a 200 °C. Servimos con hojas de cilantro.

PASTEL DE ACELGAS *y* RICOTTA

HAMBURGUESAS DE QUINOA y GARBANZOS

PASTEL DE ACELGAS *y* RICOTTA

1¼ tazas (190 g) de harina integral sin levadura*
sal marina y pimienta negra machacada
40 g de mantequilla sin sal, en trozos pequeños
150 g de queso semidesnatado para untar, cortado en trozos pequeños
1 yema de huevo
relleno
4 pencas de acelga*, solo las hojas, cortadas en juliana
2 huevos
450 g de ricotta
½ taza (125 ml) de leche
1 cucharadita de ralladura fina de limón
¼ taza de hojas de perejil italiano picadas
1 taza (125 g) de gruyère* rallado
6 ramitas de orégano

Precalentamos el horno a 190 °C. Introducimos la harina, la sal, la pimienta y la mantequilla en un robot de cocina y activamos hasta obtener una mezcla homogénea. Añadimos el queso para untar y la yema de huevo, y activamos hasta que se forme una masa suave. Estiramos la masa en una superficie espolvoreada con un poco de harina hasta que alcance 3 mm de grosor y la usamos para forrar un molde desmontable de 24 cm. Cubrimos la masa con papel de horno antiadherente y la llenamos con pesos de cerámica para pasteles o con legumbres secas. Horneamos en blanco 15 minutos, quitamos las legumbres secas y horneamos 5 minutos más o hasta que la masa esté crujiente. Reservamos.

Para preparar el relleno, sumergimos 3 minutos la acelga en agua hirviendo en un bol refractario, la escurrimos y la secamos con papel absorbente. Colocamos la acelga en el fondo de la masa.

Introducimos el huevo, el ricotta, la leche, el limón y el perejil en un bol y mezclamos bien. Vertemos sobre la acelga y cubrimos con el gruyère y el orégano. Horneamos 35 minutos o hasta que el relleno esté cocido. Servimos caliente. Podemos acompañar el plato de hojas verdes de ensalada. PARA 6 PERSONAS

HAMBURGUESAS DE QUINOA *y* GARBANZOS

½ taza (100 g) de quinoa blanca*
1 taza (250 ml) de caldo de verduras
2 rebanadas pequeñas de pan integral
400 g de garbanzos cocidos, lavados y escurridos
1 huevo
¼ taza de hojas de cilantro
1 cucharadita de comino molido
1 chile rojo pequeño, picado
sal marina y pimienta negra machacada
aceite vegetal para pintar
4 panes planos pequeños
hojas verdes de ensalada, aguacate y tomate cortados en rodajas para servir
mayonesa de tofu, lima y cilantro para servir (véase *básicos*, p. 179)

Introducimos la quinoa y el caldo en un cazo y llevamos a ebullición. Tapamos el cazo, reducimos el fuego a lento y cocemos 15 minutos o hasta que se haya absorbido todo el caldo. Reservamos y dejamos enfriar un poco.

Introducimos el pan en un robot de cocina y trituramos hasta obtener pan rallado. Añadimos los garbanzos, la quinoa, el huevo, el cilantro, el comino, el chile, la sal y la pimienta, y activamos varias veces hasta que esté todo bien triturado. Formamos 4 hamburguesas con la mezcla. Pintamos las hamburguesas con aceite y cocemos en una sartén antiadherente a fuego medio-alto 4 minutos por cada lado o hasta que estén doradas. Repartimos el pan plano en platos y cubrimos con las hojas verdes, la hamburguesa, el aguacate y el tomate, y rociamos con la mayonesa para servir. PARA 4 PERSONAS

RISOTTO DE CEBADA

2 cucharaditas de aceite de oliva
150 g de speck*, cortado en trozos pequeños
2 puerros, sin los extremos y cortados en rodajas
2 dientes de ajo, laminados finos
4 ramitas de tomillo
1½ tazas (300 g) de cebada perlada*
½ taza (125 ml) de vino tinto
1,25 litros de caldo de pollo
100 g de col rizada toscana, cortada en juliana
parmesano rallado fino para servir

Calentamos el aceite en un cazo grande a fuego medio-alto. Ponemos en él el speck y lo cocemos 5 minutos o hasta que esté dorado. Añadimos el puerro y cocemos 5 minutos o hasta que esté blando y dorado. Agregamos el ajo, el tomillo y la cebada y cocemos 2 minutos. Añadimos el vino y cocemos 2 minutos o hasta que el vino se haya absorbido. Incorporamos el caldo, llevamos a ebullición, reducimos el fuego a lento, tapamos el cazo y cocemos 20-25 minutos o hasta que la cebada esté blanda y el caldo se haya absorbido. Incorporamos la col rizada y cocemos 3 minutos o hasta que esté todo tierno. Repartimos el risotto en boles y cubrimos con el parmesano para servir. PARA 4 PERSONAS

RISOTTO DE CEBADA

MUSACA INDIVIDUAL

MUSACA INDIVIDUAL

8 rodajas grandes (de 1 cm de grosor) de berenjena
500 g de carne picada de cordero
2 dientes de ajo, machacados
1 cucharada de hojas de orégano
2 calabacines pequeños, rallados
150 g de feta, desmenuzado
1 taza (70 g) de pan rallado fresco
1 cucharada de miel
sal marina y pimienta negra machacada
1 cucharada de aceite de oliva
1¼ tazas (250 g) de ricotta
1 taza (100 g) de mozzarella rallada
1 cucharada de hojas de orégano adicionales

Precalentamos el horno a 180 °C. Colocamos la mitad de las rodajas de berenjena en una bandeja de horno forrada con papel de horno antiadherente. Introducimos el cordero, el ajo, el orégano, el calabacín, el feta, el pan rallado, la miel, la sal y la pimienta en un bol y mezclamos bien. Dividimos la mezcla obtenida en 4 partes y las presionamos sobre la mitad de las rodajas de berenjena. Cubrimos con las rodajas de berenjena restantes. Pintamos con el aceite, cubrimos con el ricotta y la mozzarella, y espolvoreamos con las hojas de orégano. Asamos 50 minutos o hasta que el cordero esté hecho y el queso se haya dorado. Podemos acompañar el plato de una ensalada sencilla. PARA 4 PERSONAS

FILETE A LA PARRILLA *con* SALSA VERDE

2 cucharadas de pimentón ahumado*
sal marina y pimienta negra machacada
4 filetes de cadera de ternera de 150 g cada uno, limpios
4 calabacines, cortados longitudinalmente en láminas gruesas
aceite vegetal para pintar
patatas fritas crujientes para servir (véase *tentempiés y guarniciones*, p. 122)
salsa verde
½ taza de hojas de cilantro
½ taza de hojas de perejil italiano
1 diente de ajo, machacado
1 chile verde grande, sin semillas
2 cucharadas de vinagre de malta o de sidra*
1 cucharadita de azúcar blanco
1 cucharada de aceite de oliva

Para preparar la salsa verde, introducimos el cilantro, el perejil, el ajo, el chile, el vinagre, el azúcar y el aceite en un robot de cocina o una batidora y activamos hasta que esté todo bien triturado. Reservamos.

Mezclamos el pimentón, la sal y la pimienta, y espolvoreamos con ellos ambos lados de los filetes. Calentamos una parrilla o barbacoa a fuego vivo y asamos los filetes 2 minutos por cada lado o hasta que estén hechos al gusto. Reservamos.

Pintamos el calabacín con un poco de aceite y lo asamos en la parrilla o la barbacoa 2 minutos por cada lado o hasta que esté tierno. Repartimos el calabacín en platos. Cortamos los filetes en tajadas y colocamos sobre el calabacín. Rociamos con la salsa verde y servimos con las patatas fritas crujientes. PARA 4 PERSONAS

Esta es mi versión reducida de la MUSACA *griega. Esta ración individual sustituye la pesada salsa bechamel por una* COMBINACIÓN *de feta, ricotta y mozzarella, que le aporta un sabor a queso fundido, mientras que el cordero le añade una* FUERTE *intensidad.*

FILETE A LA PARRILLA *con* SALSA VERDE

SALMÓN CRUJIENTE *con* SOPA DE CHILE

SALMÓN CRUJIENTE *con* SOPA DE CHILE

8 filetes de salmón de 90 g cada uno, con piel
aceite vegetal para pintar
sal marina
2 limas, cortadas por la mitad
jengibre cortado en juliana y frito para servir
sopa de chile
2 tazas (500 ml) de caldo de pescado
2 chiles verdes pequeños, cortados en rodajas
3 hojas de lima kaffir*, cortadas en juliana
1 cucharada de miso blanco*
250 g de brócoli, cortado en láminas pequeñas

Para preparar la sopa de chile, introducimos el caldo, el chile, las hojas de lima
y el miso en un cazo a fuego medio. Tapamos el cazo y cocemos a fuego lento
5 minutos o hasta que los sabores se hayan impregnado. Añadimos el brócoli
y cocemos 2 minutos. Reservamos.

Pintamos la piel del salmón con un poco de aceite y espolvoreamos con
sal. Calentamos una sartén antiadherente a fuego vivo, ponemos en ella el
salmón con la piel hacia abajo y cocemos 2 minutos por cada lado. Añadimos
las limas a la sartén, con la parte cortada hacia abajo, y cocemos hasta que
estén caramelizadas.

Repartimos la sopa de chile y el brócoli en boles y cubrimos con el salmón.
Servimos con las limas caramelizadas y el jengibre frito. PARA 4 PERSONAS

BASE DE PIZZA INTEGRAL

2 tazas (300 g) de harina integral*
2 cucharaditas de sal marina en escamas
¼ cucharadita de levadura seca en polvo
1 taza (250 ml) de agua
¼ taza (60 ml) de aceite de oliva
1 taza (200 g) de ricotta
2 cucharadas de leche
sal marina y pimienta negra machacada

Introducimos la harina, la sal, la levadura, el agua y el aceite en el bol
de una batidora con accesorio amasador. Mezclamos 4 minutos a velocidad
baja o hasta obtener una masa homogénea. Tapamos la masa y la dejamos
reposar en un lugar cálido 20 minutos o hasta que haya subido un poco.
Dividimos la masa en 4 partes y las estiramos hasta obtener un círculo
delgado. Mezclamos el ricotta, la leche, la sal y la pimienta. Extendemos
la mezcla con la ricotta sobre cada una de las bases de pizza y cubrimos
después con la cubierta⁺ que queramos. Horneamos a 200 °C 14 minutos
o hasta que la cubierta esté dorada y la base, crujiente. Podemos acompañar
el plato de una ensalada verde variada. PARA 4 PERSONAS
+ *Encontrarás cubiertas para esta receta en las páginas 112-113.*

PASTEL DE TOMATE *con* MASA DE POLENTA

4 tomates Roma, cortados por la mitad
8 ramitas de tomillo
pimienta negra machacada
masa de polenta
½ taza (75 g) de harina sin levadura
1 taza (170 g) de polenta* instantánea o de harina de maíz
120 g de mantequilla sin sal
⅓ taza (80 ml) de agua
sal marina
relleno
300 g de queso semidesnatado para untar
3 huevos
½ taza de hojas de albahaca picadas
⅓ taza (25 g) de parmesano rallado fino

Precalentamos el horno a 200 °C. Colocamos el tomate, con la parte
cortada hacia abajo en una bandeja de horno forrada con papel de horno
antiadherente. Cubrimos con una ramita de tomillo y espolvoreamos
con pimienta. Asamos 30 minutos o hasta que esté blando. Sacamos
del horno y reservamos.

Reducimos la temperatura a 180 °C. Para preparar la masa de polenta,
introducimos la harina, la polenta, la mantequilla, el agua y la sal en un robot
de cocina y activamos hasta obtener una masa. Forramos con esta masa un
molde de fondo removible de 24 cm. Cubrimos la masa con papel de horno
antiadherente y la llenamos con pesos de cerámica para pasteles o con
legumbres secas. Horneamos 15 minutos, quitamos el papel y los pesos
o las legumbres secas y horneamos 10 minutos más o hasta que la masa
esté crujiente.

Para preparar el relleno, introducimos el queso para untar y el huevo
en un robot de cocina y activamos hasta obtener una mezcla homogénea.
Incorporamos la albahaca y el parmesano. Vertemos en la masa preparada
y cubrimos con el tomate asado. Horneamos 25 minutos o hasta que
el relleno esté hecho. Servimos caliente. Podemos acompañar el plato
de hojas verdes de ensalada. PARA 4 PERSONAS

PASTEL DE TOMATE *con* MASA DE POLENTA

PIZZAS INTEGRALES – *encontrarás la receta de la base de pizza básica en la p. 110*

TOMATE FRESCO

Cubrimos la base con hojas de orégano antes de hornear. Cubrimos la base cocida con tomates cherry cortados por la mitad y con parmesano rallado fino para servir.

ESPINACAS *y* FETA

Cubrimos la base con hojas de espinacas baby blanqueadas, feta desmenuzado, ricotta adicional y piñones. Servimos con un poquito de limón.

CHAMPIÑONES

Cubrimos la base con champiñones laminados y hojas de tomillo. Horneamos y espolvoreamos con parmesano rallado para servir.

Prueba una versión de pizza INTEGRAL *con tu* CUBIERTA FAVORITA

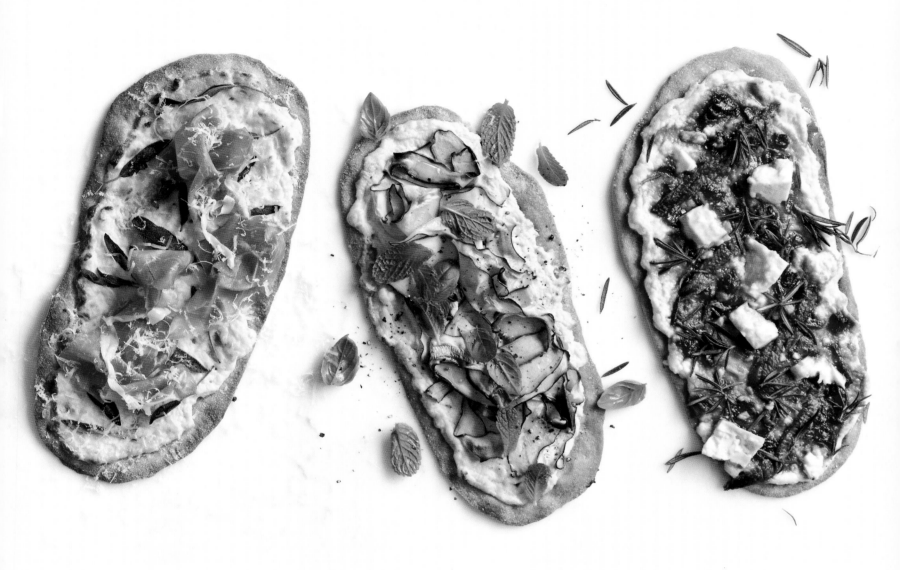

PROSCIUTTO
Cubrimos la base con ricotta adicional
y hojas de salvia. Horneamos y cubrimos
con lonchas de prosciutto y parmesano rallado
para servir.

CALABACÍN *y* MENTA
Cubrimos la base con calabacín cortado
en rodajas finas, sal y pimienta. Horneamos
y cubrimos con hojas de menta y de albahaca
para servir.

CEBOLLA CARAMELIZADA
Cubrimos la base con cebolla caramelizada
con balsámico*, hojas de romero y pedazos
de feta. Podemos añadir anchoas a la cubierta.

PESCADO AL LIMÓN CRUJIENTE *con* TÁRTARA DE YOGUR

SOPA DE NOODLES, POLLO y SOJA

PESCADO AL LIMÓN CRUJIENTE
con TÁRTARA DE YOGUR

1¼ tazas (110 g) de pan rallado grueso fresco
2 cucharaditas de ralladura fina de limón
¼ taza de hojas de perejil italiano picado
sal marina y pimienta negra machacada
8 filetes de pescado blanco de carne firme de 120 g cada uno, sin piel
2 cucharadas de zumo de limón
1 cucharada de aceite de oliva
patatas fritas crujientes para servir (véase *tentempiés y guarniciones*, p. 122)
cuartos de limón sin pepitas para servir
tártara de yogur
¾ taza (210 g) de yogur griego natural
2 cucharadas de pepinillos picados*
1 cucharada de alcaparras en sal, lavadas y picadas
1 cucharada de eneldo picado
2 cucharaditas de vinagre balsámico blanco

Para preparar la salsa tártara de yogur, introducimos el yogur, los pepinillos, las alcaparras, el eneldo y el vinagre en un bol, y mezclamos bien. Reservamos.

Introducimos el pan rallado, la ralladura de limón, el perejil, la sal y la pimienta en un bol, y mezclamos bien. Colocamos el pescado en una bandeja metálica de horno forrada con papel de horno antiadherente y cubrimos con la mezcla con el pan rallado. Mezclamos el zumo de limón y el aceite, y rociamos el pan rallado. Situamos el pescado bajo el grill previamente calentado del horno y lo asamos 5-7 minutos o hasta que el pan rallado esté crujiente y el pescado esté hecho. Servimos con la tártara de yogur, las patatas fritas crujientes y los cuartos de limón. PARA 4 PERSONAS

SOPA DE NOODLES, POLLO *y* SOJA

2 cucharadas de salsa de soja baja en sal
1,5 litros de caldo de pollo
½ taza (125 ml) de vino de Shaoxing*
2 piezas enteras de anís estrellado
2 dientes de ajo, laminados finos
2 cucharadas de azúcar moreno
2 pechugas deshuesadas de pollo de 180 g cada una, limpias y cortadas
    en lonchas gruesas
200 g de pak choi, cortado en rodajas
400 g de fideos udon* frescos, lavados
4 cebolletas, sin los extremos y cortadas en rodajas
1 cucharada de jengibre rallado fino

Introducimos la soja, el caldo, el vino, el anís estrellado, el ajo y el azúcar en un cazo y llevamos a ebullición. Bajamos a fuego lento, añadimos el pollo y cocemos 5 minutos o hasta que el pollo esté hecho. Agregamos el pak choi y los noodles, y cocemos 3 minutos o hasta que estén tiernos. Repartimos en boles y cubrimos con la cebolleta y el jengibre para servir. PARA 4 PERSONAS

TERNERA A LA PIMIENTA
con FARRO *y* VERDURAS ASADAS

1 solomillo de ternera de 750 g, limpio
aceite vegetal para pintar
1 cucharada de pimienta negra machacada
sal marina
1½ tazas (300 g) de farro*, bien lavado
3 tazas (750 ml) de caldo de pollo
1 manojo de zanahorias baby, sin los extremos y lavadas
4 chalotas, cortadas en cuartos
3 chirivías, peladas, sin el corazón y cortadas en cuartos
2 champiñones de prado medianos, cortados en rodajas
6 ramitas de tomillo
1 cucharadita de semillas de hinojo
1 cucharada de aceite de oliva
crema de yogur y rábano picante (véase *básicos*, p. 182) y rábano picante*
    recién rallado (opcional) para servir

Precalentamos el horno a 200 °C. Pintamos la ternera con aceite y la salpimentamos. Calentamos una sartén a fuego vivo. Ponemos en ella la ternera y cocemos 3-4 minutos por cada lado o hasta que esté dorada. Reservamos. Limpiamos la sartén con papel absorbente. Ponemos en ella el farro y el caldo, y llevamos a ebullición. Reducimos el fuego a lento y cocemos 20 minutos o hasta que el farro esté tierno.

Colocamos la zanahoria, la chalota, la chirivía, los champiñones, el tomillo y el hinojo en una fuente de horno, rociamos con aceite y removemos para mezclar. Asamos 15 minutos, añadimos la ternera a la fuente y asamos 20 minutos más o hasta que la ternera esté al gusto y las verduras estén tiernas. Cortamos la ternera en tajadas y las repartimos en platos junto con el farro y las verduras asadas. Servimos con la crema de yogur y rábano picante, y con rábano picante recién rallado. PARA 4 PERSONAS

TERNERA A LA PIMIENTA *con* FARRO *y* VERDURAS ASADAS

TENTEMPIÉS *y* GUARNICIONES

Admitámoslo, a todos nos entra el GUSANILLO alguna que otra vez. ¿No sería estupendo tomar un tentempié que nos saciara, fuera SABROSO y no tuviera demasiadas grasas? (¡Que es lo que ocurre a menudo con los tentempiés!) En este capítulo encontrarás IDEAS para tentempiés DELICIOSOS y ligeros para cuando quieras picar algo entre comidas, así como todo tipo de guarniciones para acompañar cenas rápidas de ENTRESEMANA, mariscos, carnes asadas, y más cosas.

BABA GHANOUSH

PATATAS FRITAS CRUJIENTES

BABA GHANOUSH

1 berenjena mediana
1 diente de ajo pequeño, machacado
¼ taza (70 g) de yogur griego natural
1 cucharada de zumo de limón
2 cucharaditas de tahini*
sal marina y pimienta negra machacada

Colocamos la berenjena en una bandeja de horno forrada con papel de horno antiadherente, situamos bajo el grill previamente calentado del horno y asamos 10 minutos por cada lado o hasta que la piel esté tostada y negra, y la pulpa esté blanda. Dejamos enfriar un poco antes de pelarla y desechar la piel. Introducimos la pulpa de la berenjena, el ajo, el yogur, el zumo de limón, el tahini, la sal y la pimienta en un robot de cocina y activamos hasta obtener una mezcla homogénea. Servimos con bastones de verdura o como condimento. PARA 4 PERSONAS

PATATAS FRITAS CRUJIENTES

3 patatas harinosas grandes, lavadas
2 cucharadas de aceite vegetal
2 cucharadas de hojas de romero
sal marina

Precalentamos el horno a 200 °C. Cortamos las patatas en tiras delgadas, las colocamos sobre papel absorbente y las secamos con él. Las introducimos en un bol grande con el aceite, el romero y la sal, y mezclamos bien. Repartimos las patatas en dos bandejas de horno forradas con papel de horno antiadherente de modo que formen una sola capa y horneamos 20 minutos. Les damos la vuelta y las horneamos 10 minutos más o hasta que estén crujientes y doradas. PARA 4 PERSONAS

GARBANZOS ESPECIADOS

400 g de garbanzos cocidos, lavados y escurridos
2 cucharaditas de aceite vegetal
¼ cucharadita de semillas de hinojo
¼ cucharadita de cayena
2 cucharaditas de ralladura fina de limón
½ cucharadita de sal de mesa
1 cucharadita de azúcar lustre

Colocamos los garbanzos sobre papel absorbente y los secamos con él. Calentamos el aceite en una sartén antiadherente a fuego vivo. Ponemos en ella el hinojo, la cayena, el limón, la sal y el azúcar, y cocemos, removiendo, 1 minuto hasta que desprenda aroma. Añadimos los garbanzos y cocemos, removiendo, 7-10 minutos o hasta que estén ligeramente crujientes. Servimos calientes o fríos. PARA 4 PERSONAS

Estos garbanzos son mi nuevo y ADICTIVO *tentempié para las fiestas. Tienen un ligero gusto a especias y a limón, y son* MEJORES *que darse el capricho de tomar un refrigerio rico en grasas. También he incluido un* VIRTUOSO *asado al horno por lo que no tienes que saltarte siempre las patatas chips.*

GARBANZOS ESPECIADOS

El sabroso HUMMUS *es un* TENTEMPIÉ O CONDIMENTO *excelente*

HUMMUS

ZANAHORIA ASADA *e* HINOJO

Introducimos ¾ taza de garbanzos escurridos, 1 taza de zanahoria asada picada, ½ cucharadita de semillas de hinojo tostadas, ¼ taza (60 ml) de tahini*, 1 cucharadita de jengibre rallado, ¼ taza (60 ml) de agua y otra cantidad igual de zumo de naranja, ½ taza de hojas de cilantro y sal en un robot de cocina y activamos hasta obtener una mezcla homogénea. **PARA 4 PERSONAS**

GUISANTES *y* CILANTRO

Introducimos 1 taza (120 g) de guisantes blanqueados, ¼ taza de hojas de cilantro picadas, 2 cucharadas de tahini* y 2 más de zumo de limón, 1 cucharada de agua, ½ diente de ajo machacado, sal y pimienta en un robot de cocina y activamos hasta que esté todo triturado grueso. Servimos con pan plano o con verduras. **PARA 4 PERSONAS**

HUMMUS

Introducimos 400 g de garbanzos cocidos y escurridos, 2 cucharadas de tahini*, ½ diente de ajo machacado, 2 cucharadas de yogur griego natural y 2 más de zumo de limón, ¼ taza (60 ml) de agua, sal y pimienta en un robot de cocina y activamos hasta obtener una mezcla homogénea. Servimos como salsa para mojar o como condimento. **PARA 4 PERSONAS**

LIMÓN, SÉSAMO y CHILE

Introducimos 400 g de garbanzos cocidos y escurridos, ⅓ taza (80 ml) de agua, 1 diente de ajo machacado, 1 cucharada de zumo de limón y otra más de ralladura fina de limón en un robot de cocina y activamos hasta obtener una mezcla homogénea. Incorporamos 3 cucharadas de semillas de sésamo, 1 chile rojo largo sin semillas y picado, y sal para servir. PARA 4 PERSONAS

LENTEJAS y PEREJIL

Introducimos 400 g de lentejas pardinas cocidas, lavadas y escurridas, 2 cucharadas de mantequilla de cacahuete crujiente y 2 más de zumo de limón, 1 cucharada de agua, 1 chile rojo largo sin semillas y picado, 1 taza de hojas de perejil italiano, sal y pimienta en un robot de cocina y activamos hasta obtener una pasta grumosa. PARA 4 PERSONAS

EDAMAME y WASABI

Introducimos 1 taza (120 g) de edamame (vainas de soja verde) blanqueado, ⅓ taza de tofu sedoso*, 1 cucharadita de wasabi*, 1 cucharadita de salsa de soja y sal marina en un robot de cocina y activamos hasta obtener una mezcla homogénea. Servimos con pan plano o con verduras. PARA 4 PERSONAS

GAJOS DE BONIATO PICANTE

GAJOS DE BONIATO PICANTE

1 kg de boniato, pelado y cortado en gajos finos
2 cucharaditas de aceite de oliva
1 cucharadita de copos de chile
½ cucharadita de zumaque*
½ cucharadita de sal marina en escamas

Precalentamos el horno a 200 °C. Introducimos el boniato en un bol, añadimos el aceite y removemos para mezclar. Agregamos el chile, el zumaque y la sal, y removemos para mezclar. Colocamos el boniato en dos bandejas de horno forradas con papel de horno antiadherente de modo que formen una sola capa y horneamos 15 minutos, le damos la vuelta y lo horneamos 10 minutos más o hasta que esté crujiente.
PARA 4 PERSONAS

CHIPS DE COL RIZADA

200 g de hojas de col rizada, sin la base y cortadas en trozos grandes
1½ cucharadas de aceite vegetal
½ cucharadita de sal marina en escamas
½ cucharadita de polvo de cinco especias*
½ cucharadita de copos de chile

Precalentamos el horno a 180 °C. Introducimos la col rizada en un bol grande con el aceite y removemos para mezclar. Mezclamos la sal, el polvo de cinco especias y el chile, espolvoreamos la col rizada, y removemos para mezclar. Colocamos la col rizada en dos bandejas de horno forradas con papel de horno antiadherente y horneamos 8-10 minutos o hasta que esté crujiente. PARA 4 PERSONAS

¡Quién habría pensado que dos de las verduras más SALUDABLES de tu despensa podrían convertirse en un refrigerio crujiente y elegante al ESPECIARLAS! La col rizada, con su hermoso color verde esmeralda, adquiere una textura perfecta, mientras que el boniato queda recubierto de un IRRESISTIBLE sabor picante.

CHIPS DE COL RIZADA

SALSA PARA MOJAR DE YOGUR, FETA *y* ACEITUNAS

SALSA PARA MOJAR DE YOGUR, FETA *y* ACEITUNAS

100 g de feta
½ taza (140 g) de yogur griego natural
1 cucharada de zumo de limón
1 cucharada de hojas de orégano
20 aceitunas verdes, sin hueso
pimienta negra machacada

Introducimos el feta, el yogur y el limón en una batidora o un robot de cocina y activamos hasta obtener una mezcla homogénea. Añadimos el orégano, las aceitunas y la pimienta, y activamos hasta que esté todo bien triturado. Servimos con bastones de apio y pepino. PARA 4 PERSONAS

COLES DE BRUSELAS *y* GRATINADO DE RICOTTA

1½ tazas (300 g) de ricotta
⅔ taza (50 g) de parmesano rallado fino
2 huevos
1½ tazas (375 ml) de leche
sal marina y pimienta negra machacada
18 coles de Bruselas, sin la base y cortadas por la mitad
2 cucharaditas de hojas de tomillo limón

Precalentamos el horno a 180 °C. Introducimos el ricotta, el parmesano, el huevo, la leche, la sal y la pimienta en un bol y mezclamos bien. Vertemos la mezcla en una fuente de horno de 2 litros de capacidad. Disponemos las coles de Bruselas, con la parte cortada hacia arriba, sobre la mezcla con el ricotta y espolvoreamos con el tomillo. Asamos 45 minutos o hasta que las coles estén tiernas. PARA 4 PERSONAS

Si solo RECUERDAS *haber comido insípidas coles de Bruselas hervidas en tu infancia, esta receta te llevará a adorarlas. Asadas hasta darles un brillo* DORADO *y acompañadas de ricotta* CREMOSO *con sabor a limón, constituyen un acompañamiento delicioso.*

COLES DE BRUSELAS *y* GRATINADO DE RICOTTA

QUINOA PILAF *con* ESPECIAS

ENSALADA DE ESPÁRRAGOS LAMINADOS

QUINOA PILAF *con* ESPECIAS

1 cucharadita de aceite vegetal
1 cucharadita de comino molido
½ cucharadita de copos de chile
2 dientes de ajo, laminados
1 taza (200 g) de quinoa blanca*
1½ tazas (375 ml) de caldo de pollo o de verduras
hojas de cilantro para servir

Calentamos un cazo a fuego medio-alto. Ponemos en él el aceite, el comino y el chile, y cocemos 1-2 minutos o hasta que desprenda aroma. Añadimos el ajo, y cocemos, removiendo, 30 segundos. Agregamos la quinoa y el caldo, y llevamos a ebullición. Reducimos el fuego a lento, tapamos bien el cazo y cocemos 12-14 minutos o hasta que la quinoa esté tierna y el caldo se haya absorbido. Cubrimos con las hojas de cilantro y servimos con cordero asado o con carnes a la parrilla. PARA 4 PERSONAS

ENSALADA DE ESPÁRRAGOS LAMINADOS

2 tazas (240 g) de pan de masa fermentada rallado grueso
3 dientes de ajo, laminados
2 cucharadas de alcaparras en sal, lavadas
1 cucharada de aceite de oliva
10 espárragos verdes, sin los extremos
10 espárragos blancos, sin los extremos
½ taza de ramitas de perifollo
aliño de suero de leche al limón (véase *básicos*, p. 185)

Precalentamos el horno a 180 °C. Colocamos el pan rallado, el ajo y las alcaparras en una bandeja de horno forrada con papel de horno antiadherente y rociamos con el aceite. Horneamos 10 minutos o hasta que el pan rallado y el ajo estén dorados. Reservamos.
    Cortamos los espárragos en láminas finas con un pelador. Los incorporamos a la mezcla con el pan rallado, repartimos en platos y cubrimos con el perifollo. Servimos con el aliño de suero de leche al limón. PARA 4-6 PERSONAS

REMOLACHA GLASEADA *con* BALSÁMICO

2 manojos de remolachas baby, sin los extremos
1 taza (250 ml) de vinagre balsámico
½ taza (90 g) de azúcar moreno
4 ramitas de tomillo

Introducimos la remolacha en un cazo con agua hirviendo y cocemos 8-10 minutos o hasta que esté tierna. Escurrimos y pelamos. Ponemos el vinagre balsámico, el azúcar y el tomillo en una sartén a fuego medio y cocemos a fuego lento 5 minutos o hasta que haya espesado. Añadimos la remolacha y removemos para mezclar. PARA 4 PERSONAS

Esta remolacha baby glaseada es muy VERSÁTIL *y combina estupendamente con muchos platos. Queda igual de bien en una ensalada, servida con carnes a la parrilla o* ASADAS, *o laminada para formar una capa en una* HAMBURGUESA *de cordero o de ternera al auténtico estilo australiano.*

REMOLACHA GLASEADA *con* BALSÁMICO

EDAMAME

AJO

Cocemos 400 g de edamame descongelado (vainas de soja verde) en un cazo grande con abundante agua salada a fuego vivo 2-3 minutos o hasta que esté tierno y escurrido. Freímos 2 dientes de ajo laminados finos en 2 cucharaditas de aceite vegetal hasta que esté ligeramente dorado. Añadimos el edamame cocido y sal marina y mezclamos bien.

SÉSAMO *y* SAL

Cocemos 400 g de edamame descongelado (vainas de soja verde) en un cazo grande con abundante agua salada a fuego vivo 2-3 minutos o hasta que esté tierno y escurrido. Ponemos 1 cucharada de semillas de sésamo tostadas y 1 cucharadita de sal marina en escamas en un mortero y machacamos hasta que estén bien mezcladas. Incorporamos al edamame cocido para servir.

SOJA *y* LIMÓN

Cocemos 400 g de edamame descongelado (vainas de soja verde) en un cazo grande con abundante agua salada a fuego vivo 2-3 minutos o hasta que esté tierno y escurrido. Mezclamos el edamame cocido con 2 cucharadas de zumo de limón y 1 cucharada de salsa de soja para servir.

El sabor de estos pequeños TENTEMPIÉS *es fresco y* DELICIOSO

LIMÓN *y* PIMIENTA

Cocemos 400 g de edamame descongelado (vainas de soja verde) en un cazo grande con abundante agua salada a fuego vivo 2-3 minutos o hasta que esté tierno y escurrido. Mezclamos el edamame cocido con 2 cucharaditas de sal marina en escamas, 1 cucharadita de ralladura fina de limón y ½ cucharadita de pimienta negra machacada para servir.

JENGIBRE CRUJIENTE

Cocemos 400 g de edamame descongelado (vainas de soja verde) en un cazo grande con abundante agua salada a fuego vivo 2-3 minutos o hasta que esté tierno y escurrido. Freímos 1 cucharada de jengibre cortado en juliana en 2 cucharaditas de aceite vegetal hasta que esté crujiente. Añadimos el edamame cocido y la sal marina, y mezclamos bien.

CHILE *y* SAL

Cocemos 400 g de edamame descongelado (vainas de soja verde) en un cazo grande con abundante agua salada a fuego vivo 2-3 minutos o hasta que esté tierno y escurrido. Ponemos 2 cucharaditas de copos de chile y 1 cucharada de sal marina en escamas en un mortero y machacamos hasta que estén bien mezclados. Incorporamos al edamame cocido para servir.

ENSALADA DE COL RIZADA

ENSALADA DE COL RIZADA

5 hojas de col rizada, sin el tallo, cortadas en juliana
1 bulbo de hinojo, cortado en láminas finas con una mandolina
5 pencas de acelga, solo las hojas, cortadas en juliana
50 g hojas de rúcula baby
½ taza (80 g) de piñones o almendras cortadas en juliana, tostados
½ taza de hojas de perejil italiano
¼ taza de cebollinos picados
aliño de suero de leche al limón (*véase básicos*, p. 185)

Introducimos la col rizada, el hinojo, la acelga, la rúcula, los piñones,
el perejil y los cebollinos en un bol y mezclamos bien. Rociamos
con el aliño y mezclamos bien. PARA 4 PERSONAS

PURÉ DE APIO NABO *y* CHIRIVÍA

700 g de apio nabo, pelado y picado
2 chirivías, peladas, sin el corazón y picadas
4 ramitas de tomillo
1 taza (250 ml) de caldo de pollo o de verduras
150 g de ricotta
sal marina en escamas

Ponemos el apio nabo, las chirivías, el tomillo y el caldo en una sartén honda
y llevamos a ebullición. Tapamos y cocemos 10 minutos o hasta que las
verduras estén blandas. Sacamos el tomillo y reservamos. Introducimos
las verduras en un robot de cocina y activamos hasta obtener una mezcla
homogénea. Añadimos el ricotta y la sal y activamos hasta obtener una
mezcla homogénea. Llevamos a la sartén y removemos a fuego lento
hasta que esté caliente. Cubrimos con el tomillo y servimos con carnes
a la parrilla o asadas. PARA 4 PERSONAS

Esta potente ensalada posee todos los ingredientes de una ensalada PERFECTA.
Tiene una TEXTURA *crujiente y cremosa, y contiene hierbas aromáticas frescas
y mucho sabor. Es la ensalada a la que recurro para una comida* RÁPIDA
entresemana o para una espléndida barbacoa el fin de semana.

PURÉ DE APIO NABO *y* CHIRIVÍA

BRÓCOLI *con* SÉSAMO *y* MISO

BRÓCOLI con SÉSAMO y MISO

1 cucharada de semillas de sésamo
1 cucharada de miso amarillo*
2 cucharadas de mirin*
¼ taza (60 ml) de caldo de pollo o de verduras
1 cucharadita de jengibre rallado fino
500 g de brócoli, cortado en cabezuelas

Calentamos una sartén honda antiadherente a fuego medio. Ponemos en ella las semillas de sésamo y cocemos, removiendo, 3 minutos o hasta que estén tostadas. Añadimos el miso, el mirin, el caldo y el jengibre, y cocemos 2 minutos. Agregamos el brócoli y removemos para mezclar. Tapamos la sartén y cocemos 3-4 minutos o hasta que el brócoli esté tierno. Servimos con pollo escalfado o a la parrilla. PARA 4 PERSONAS

COL con SOJA y JENGIBRE

1 cucharada de aceite vegetal
2 cucharadas de jengibre cortado en juliana
2 chiles rojos largos, sin semillas y cortados en rodajas
4 dientes de ajo, laminados
500 g de col blanca, cortada en trozos grandes
2 cucharadas de vino* de Shaoxing
2 cucharadas de salsa de soja
semillas de sésamo tostado para servir

Calentamos el aceite en una sartén antiadherente grande o un wok a fuego vivo. Le ponemos el jengibre, el chile y el ajo, y cocemos, removiendo, 1 minuto. Añadimos la col y cocemos, removiendo, 2 minutos. Agregamos el vino y la soja, y cocemos 2 minutos más o hasta que la col esté tierna. Espolvoreamos con las semillas de sésamo para servir. PARA 4 PERSONAS

Las verduras POTENTES *como el brócoli y la col exigen que las acompañen sabores igual de fuertes. En este plato, la col combina a la perfección con el sabor* CONTUNDENTE *del ajo, el jengibre y el chile, mientras que el sabor dulce y salado del* MISO *marida excelentemente con el brócoli. Saboréalos con pollo escalfado.*

COL *con* SOJA *y* JENGIBRE

POSTRES *y* CAPRICHOS

Soy partidaria de darse el GUSTO en los postres y suelo dejar espacio para algo
DULCE al final de una comida. Pero eso no significa que siempre se trate de saborear
algo prohibido. Estas son mis ideas para un gran final dulce o para un caprichito
con un toque más LIGERO. ¡De modo que puedes PERMITIRTE degustar
esos sabores que te encantan sin sentirte tan culpable! Desde bocados cremosos
hasta placeres afrutados, ha llegado el momento de darte un CAPRICHO.

GALLETAS DE PEPITAS DE CHOCOLATE

FUDGE DE CHOCOLATE

GALLETAS DE PEPITAS DE CHOCOLATE

2 tazas (300 g) de harina integral sin levadura
½ taza (45 g) de copos de avena
½ cucharadita de levadura en polvo
½ taza (110 g) de azúcar lustre (extrafino)
120 g de chocolate negro, partido en trocitos
½ taza (125 ml) de aceite vegetal
½ taza (125 ml) de sirope de arce
1 huevo
1½ cucharaditas de extracto de vainilla

Precalentamos el horno a 180 °C. Introducimos la harina, la avena, la levadura en polvo, el azúcar y el chocolate en un bol y mezclamos bien. Hacemos un agujero en el centro y añadimos el aceite, el sirope de arce, el huevo y la vainilla, y mezclamos bien. Formamos bolas de masa usando una cucharada colmada para cada una de ellas, las colocamos en bandejas de horno forradas con papel de horno antiadherente de modo que tengan espacio para aumentar de volumen y las aplastamos ligeramente. Horneamos 12-15 minutos o hasta que las galletas estén doradas. Dejamos enfriar en las bandejas. PARA 18 GALLETAS

FUDGE DE CHOCOLATE

¾ taza (115 g) de harina sin levadura, tamizada
½ cucharadita de levadura en polvo
¾ taza (75 g) de cacao, tamizado
1½ tazas (265 g) de azúcar moreno
3 huevos
¾ taza (180 ml) de suero de leche
1 cucharadita de extracto de vainilla
⅓ taza (80 ml) de aceite vegetal
cacao adicional para espolvorear

Precalentamos el horno a 160 °C. Introducimos la harina, la levadura en polvo, el cacao y el azúcar en un bol y mezclamos bien. En otro bol, batimos los huevos junto con el suero de leche, la vainilla y el aceite. Incorporamos a los ingredientes secos ya trabajados y mezclamos hasta obtener una mezcla homogénea. Vertemos en un molde cuadrado de 20 cm forrado con papel de horno antiadherente. Horneamos 40 minutos o hasta que adquiera firmeza. Dejamos enfriar en el molde, espolvoreamos con cacao y cortamos en porciones cuadradas para servir. PARA 25 PORCIONES

BIZCOCHO DE ALMENDRAS, CHOCOLATE *y* PISTACHO

2 tazas (300 g) de harina integral sin levadura*, tamizada
⅓ taza (35 g) de cacao, tamizado
2 cucharaditas de levadura en polvo
1 taza (175 g) de azúcar moreno
½ taza (80 g) de almendras peladas
⅓ taza (45 g) de pistachos pelados, sin sal
2 huevos, ligeramente batidos
¼ taza (60 ml) de leche

Precalentamos el horno a 160 °C. Introducimos la harina, el cacao y la levadura en polvo en un bol. Añadimos el azúcar, las almendras y los pistachos, y mezclamos bien. Agregamos los huevos y la leche, y mezclamos hasta obtener una masa firme. (Puede llevarnos algo de tiempo.)

Amasamos sobre una superficie espolvoreada con un poco de harina hasta que quede suave. Dividimos por la mitad y formamos 2 cilindros. Colocamos en una bandeja de horno forrada con papel de horno antiadherente y horneamos 35-40 minutos o hasta que adquieran firmeza. Dejamos enfriar.

Reducimos la temperatura a 140 °C. Con un cuchillo dentado cortamos cada cilindro en porciones finas y las colocamos en bandejas de horno forradas con papel de horno antiadherente. Horneamos 15-20 minutos o hasta que estén crujientes. Se conservan hasta 1 semana en un recipiente hermético. PARA 50 PORCIONES

BIZCOCHO DE ALMENDRAS, CHOCOLATE *y* PISTACHO

GRANIZADOS

COCO y LIMA

Mezclamos bien 1 taza (250 ml) de agua, 1½ tazas (375 ml) de leche de coco*, 2 cucharadas de zumo de lima y ⅓ taza (75 g) de azúcar lustre (extrafino). Vertemos la mezcla en un molde metálico poco hondo y congelamos hasta que adquiera firmeza. Raspamos la parte superior del granizado con un tenedor para servir.

NARANJA SANGUINA

Mezclamos bien 2 tazas (500 ml) de zumo de naranja sanguina y ¼ taza (60 ml) de sirope de agave* claro. Vertemos la mezcla en un molde metálico poco hondo y congelamos hasta que adquiera firmeza. Raspamos la parte superior del granizado con un tenedor para servir.

SANDÍA

Mezclamos bien 2 tazas (500 ml) de zumo de sandía fresco y ¼ taza (60 ml) de sirope de agave* claro. Vertemos la mezcla en un molde metálico poco hondo y congelamos hasta que adquiera firmeza. Raspamos la parte superior del granizado con un tenedor para servir.

CAPRICHOS *fríos, desbordantes*
de SABORES *afrutados*

CAFÉ CON LECHE

Mezclamos bien 2 tazas (500 ml) de leche,
⅓ taza (80 ml) de café expreso cargado
enfriado y ¼ taza (60 ml) de sirope de agave*
claro. Vertemos la mezcla en un molde
metálico poco hondo y congelamos hasta
que adquiera firmeza. Raspamos la parte
superior del granizado con un tenedor
para servir.

MELÓN VERDE

Mezclamos bien 2 tazas (500 ml) de zumo
de melón verde fresco y ¼ taza (60 ml)
de sirope de agave* claro. Vertemos la
mezcla en un molde metálico poco hondo
y congelamos hasta que adquiera firmeza.
Raspamos la parte superior del granizado
con un tenedor para servir.

FRAMBUESA

Introducimos 2 tazas (300 g) de frambuesas
congeladas, descongeladas, en 2 tazas
(500 ml) de agua. Escurrimos y mezclamos
con ¼ taza (60 ml) de sirope de agave* claro.
Vertemos la mezcla en un molde metálico
poco hondo y congelamos hasta que
adquiera firmeza. Raspamos la parte superior
del granizado con un tenedor para servir.

TARTA DE PERA

TARTA DE PERA

¾ taza (115 g) de harina integral sin levadura*
⅓ taza (40 g) de harina de almendra
1½ cucharaditas de levadura en polvo
⅓ taza (80 ml) de sirope de arce o de sirope de agave* claro
1 huevo
¾ taza (180 ml) de suero de leche
2 cucharaditas de ralladura fina de limón
½ cucharadita de canela en polvo
40 g de mantequilla sin sal, fundida
2 peras Bosc, peladas, sin el corazón y laminadas
2 cucharadas de azúcar sin refinar
ricotta batido con vainilla (véase *básicos*, p. 176) para servir

Precalentamos el horno a 190 °C. Introducimos la harina, la harina de almendra y la levadura en polvo en un bol y mezclamos bien. En otro bol, mezclamos el sirope de arce, el huevo, el suero de leche, la ralladura de limón y la canela. Añadimos la mezcla obtenida a los ingredientes secos junto con la mantequilla y mezclamos bien. Forramos un molde de fondo removible de 24 cm engrasado con papel de horno antiadherente. Vertemos en él la mezcla y alisamos la parte superior. Disponemos las peras encima y espolvoreamos con el azúcar. Horneamos 35-40 minutos o hasta que la tarta esté cocida al comprobarlo con un palillo largo. Servimos caliente con el ricotta batido con vainilla. PARA 8-10 PERSONAS

TARTAS INDIVIDUALES DE MANZANA

30 g de mantequilla sin sal
2 cucharadas de sirope de arce
½ cucharadita de canela en polvo
6 hojas de masa filo
1 manzana roja, cortada en rodajas muy finas con una mandolina
azúcar blanco para espolvorear
ricotta batido con vainilla (véase *básicos*, p. 176) para servir

Precalentamos el horno a 180 °C. Introducimos la mantequilla, el sirope de arce y la canela en un cazo a fuego lento y cocemos hasta que la mantequilla se haya fundido. Pintamos una hoja de masa con un poco de la mezcla con la mantequilla y cubrimos con otra hoja de masa. Repetimos hasta haber usado toda la masa. Cortamos el montón en 6 rectángulos y colocamos cada uno de los montones obtenidos en una bandeja de horno forrada con papel de horno antiadherente. Cubrimos con la manzana y espolvoreamos con un poco de azúcar. Horneamos 10 minutos o hasta que las tartas estén doradas y crujientes. Servimos calientes con el ricotta batido con vainilla. PARA 6 TARTAS

He empezado a hornear dulces con harina INTEGRAL, *que tiene un exquisito y equilibrado* GUSTO *a nuez. La harina tiene cuerpo y sabor, igual que un riquísimo pan de masa fermentada. Añadir harina de almendra confiere una* ESPONJOSIDAD *espléndida a esta tarta.*

TARTAS INDIVIDUALES DE MANZANA

PANNA COTA DE YOGUR *y* LIMÓN

PANNA COTA DE YOGUR *y* LIMÓN

1 cucharada de agua fría
¾ cucharadita de gelatina* en polvo
1 taza (250 ml) de leche
¼ taza (55 g) de azúcar lustre (extrafino)
2 cucharaditas de ralladura fina de limón
1¼ tazas (350 g) de yogur de vainilla

Introducimos el agua en un bol pequeño y espolvoreamos
en ella la gelatina. Esperamos 5 minutos o hasta que el agua
se haya absorbido. Introducimos la leche y el azúcar en un cazo
a fuego medio y calentamos, sin llegar a hervir. Agregamos la
gelatina durante 1 minuto sin dejar de remover. Retiramos del
fuego y dejamos enfriar un poco. Incorporamos la ralladura de limón
y el yogur, y vertemos en 4 copas o boles. Refrigeramos 4 horas
o hasta que adquiera firmeza. Podemos servir con bayas frescas.
PARA 4 PERSONAS

PASTEL DE RICOTTA *con* BAYAS

400 g de ricotta
125 g de queso semidesnatado para untar
2 huevos
¼ taza (60 ml) de zumo de limón
2 cucharaditas de extracto de vainilla
1 cucharada de harina de arroz*
½ taza (110 g) de azúcar lustre (extrafino)
bayas frescas para servir

Precalentamos el horno a 160 °C. Introducimos el ricotta,
el queso para untar, el huevo, el zumo de limón, la vainilla,
la harina de arroz y el azúcar en un robot de cocina y activamos
hasta obtener una mezcla homogénea. Introducimos en un
molde rectangular de 20 x 30 cm forrado con papel de horno
antiadherente y horneamos 20 minutos o hasta que adquiera
firmeza. Refrigeramos hasta que esté frío. Cubrimos con bayas
frescas para servir. PARA 12 PERSONAS

PAN DE PLÁTANO BÁSICO

1 taza (150 g) de harina con levadura, tamizada
1 taza (150 g) de harina integral* con levadura, tamizada
2 cucharaditas de levadura en polvo
¾ taza (135 g) de azúcar moreno
½ cucharadita de canela en polvo
1½ tazas (375 g) de plátano triturado
⅓ taza (80 ml) de aceite vegetal
¾ taza (180 ml) de suero de leche
2 huevos
1 cucharadita de extracto de vainilla

Precalentamos el horno a 180 °C. Introducimos las harinas,
la levadura en polvo, el azúcar y la canela en un bol y mezclamos
bien. Añadimos el plátano, el aceite, el suero de leche, el huevo y
la vainilla, y mezclamos hasta obtener una mezcla homogénea. Si los
usamos, incorporamos la fruta y otros ingredientes.⁺ Introducimos
la mezcla en un molde rectangular de 11 x 26 cm forrado con papel
de horno antiadherente y horneamos 40-45 minutos o hasta que
el pan esté cocido al comprobarlo con un palillo largo. Servimos
caliente o frío. PARA 10 PERSONAS

*+ Encontrarás rellenos y variaciones de esta receta en las
páginas 158-159. Este pan de plátano se conserva hasta 1 mes
congelado.*

PASTEL DE RICOTTA *con* BAYAS

PAN DE PLÁTANO – *encontrarás la receta básica en la página 156*

ARÁNDANO AZUL
Incorporamos 1 taza (150 g) de arándanos azules frescos o congelados a la mezcla básica y añadimos 5 minutos al tiempo de cocción.
+ *Si usas bayas congeladas, no las descongeles antes.*

SIROPE DE ARCE
Añadimos ¼ taza (60 ml) de sirope de arce a la mezcla básica junto con los ingredientes húmedos.

MANGO *y* COCO
Incorporamos ¾ taza (150 g) de mango picado y ¼ taza (20 g) de coco rallado a la mezcla básica y añadimos 5 minutos al tiempo de cocción.

El delicioso PAN DE PLÁTANO *constituye un* DULCE TENTEMPIÉ

ARÁNDANO ROJO
Incorporamos 1 taza (130 g) de arándanos rojos secos endulzados a la mezcla básica.

DÁTIL
Incorporamos 1 taza (140 g) de dátiles frescos sin hueso y picados a la mezcla básica y añadimos.

FRAMBUESA
Incorporamos 1 taza (150 g) de frambuesas frescas o congeladas a la mezcla básica y añadimos 5 minutos al tiempo de cocción.
+ *Si usas frambuesas congeladas, no las descongeles antes.*

TARTA DE QUESO RICOTTA AL HORNO

PASTEL DE ZANAHORIA *con* GLASEADO DE QUESO PARA UNTAR

TARTA DE QUESO RICOTTA AL HORNO

650 g de ricotta
250 g de queso semidesnatado para untar
1 taza (280 g) de yogur semidesnatado natural
1 cucharada de almidón de maíz
⅓ taza (80 ml) de zumo de limón
1 cucharada de ralladura fina de limón
1 cucharadita de extracto de vainilla
3 huevos
1 taza (220 g) de azúcar lustre (extrafino)

Precalentamos el horno a 160 °C. Introducimos los quesos y el yogur en un robot de cocina y activamos hasta obtener una mezcla homogénea. Introducimos en un bol pequeño el almidón de maíz, con el zumo de limón y mezclamos bien. A la mezcla del robot añadimos la ralladura de limón, la vainilla, los huevos y el azúcar, y activamos hasta obtener una mezcla homogénea. Horneamos en un molde desmontable de 20 cm forrado con papel de horno 50-55 minutos o hasta que esté cocido y ligeramente dorado. Enfriamos en el molde. PARA 12 PERSONAS

PASTEL DE ZANAHORIA *con* GLASEADO DE QUESO PARA UNTAR

1 taza (150 g) de harina con levadura, tamizada
1 taza (150 g) de harina integral* con levadura
1 cucharadita de levadura en polvo
¾ taza (135 g) de azúcar moreno
¼ taza (55 g) de azúcar lustre (extrafino)
1 cucharadita de canela en polvo
3 huevos
¼ taza (60 ml) de aceite vegetal
1½ tazas (360 g) de zanahoria rallada (aprox. 3 zanahorias)
1 taza (180 g) de calabacín rallado (aprox. 2 calabacines pequeños)
glaseado de queso para untar
150 g de queso semidesnatado para untar
¼ taza (60 ml) de sirope de agave* claro
2 cucharaditas de ralladura fina de limón

Precalentamos el horno a 180 °C. Introducimos las harinas, la levadura en polvo, los azúcares y la canela en un bol y mezclamos bien. En otro bol, mezclamos los huevos y el aceite, y añadimos a los ingredientes secos junto con la zanahoria y el calabacín. Mezclamos bien. Vertemos en un molde redondo de 20 cm forrado con papel de horno antiadherente y horneamos 45-50 minutos o hasta que el pastel esté cocido al comprobarlo con un palillo largo. Dejamos enfriar en el molde 5 minutos, desmoldamos en una rejilla y terminamos de dejar enfriar.
Para preparar el glaseado, introducimos el queso para untar, el sirope de agave y el limón en un robot de cocina y activamos hasta obtener una mezcla homogénea. Con la ayuda de una espátula, extendemos el glaseado sobre el pastel frío para servir. PARA 12 PERSONAS

YOGUR HELADO DE FRAMBUESA

125 g de frambuesas congeladas
2 tazas (560 g) de yogur griego semidesnatado
¼ taza (60 ml) de sirope de agave* claro o de sirope de arce
1 cucharadita de extracto de vainilla

Introducimos las frambuesas, el yogur, el sirope de agave y la vainilla en una heladora y activamos 25 minutos o hasta que la mezcla esté lo suficientemente espesa. Congelamos hasta que adquiera firmeza.
PARA 6-8 PERSONAS
+ *Encontrarás variaciones con otros sabores en las recetas siguientes*

YOGUR HELADO DE MARACUYÁ

½ taza (125 ml) de pulpa de maracuyá (aproximadamente 4 maracuyás)
2 tazas (560 g) de yogur griego natural
¼ taza (60 ml) de sirope de agave* claro o de sirope de arce
1 cucharadita de extracto de vainilla

Introducimos la pulpa de maracuyá, el yogur, el sirope de agave y la vainilla en una heladora y activamos 25 minutos o hasta que la mezcla esté lo suficientemente espesa. Congelamos hasta que adquiera firmeza. PARA 6-8 PERSONAS

YOGUR HELADO DE MANGO

¾ taza (150 g) de mango, pelado y picado fino
2 tazas (560 g) de yogur griego natural
¼ taza (60 ml) de sirope de agave* claro o de sirope de arce
1 cucharadita de extracto de vainilla

Introducimos el mango, el yogur, el sirope de agave y la vainilla en una heladora y activamos 25 minutos o hasta que la mezcla esté lo suficientemente espesa. Congelamos hasta que adquiera firmeza.
PARA 6-8 PERSONAS

YOGUR HELADO DE FRAMBUESA

POLOS

MIEL
Introducimos 1½ tazas (420 g) de yogur semidesnatado de vainilla, ½ taza (125 ml) de leche y ¼ taza (90 g) de miel en un bol y mezclamos bien. Vertemos en moldes para polos y congelamos.

FRAMBUESA
Introducimos 1½ tazas (420 g) de yogur semidesnatado de vainilla, ½ taza (125 ml) de leche y ¼ taza (60 ml) sirope de agave* claro en un bol y mezclamos bien. Incorporamos ¾ taza (120 g) de frambuesas frescas o congeladas. Vertemos en moldes para polos y congelamos.

PLÁTANO Y ARCE
Introducimos 1 taza (280 g) de yogur semidesnatado de vainilla, ½ taza (125 ml) de leche, ¼ taza (60 ml) de sirope de arce y 1 plátano en una batidora y batimos hasta obtener una mezcla homogénea. Vertemos en moldes para polos y congelamos.

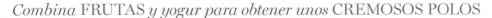

Combina FRUTAS *y yogur para obtener unos* CREMOSOS POLOS

MANGO
Introducimos 1½ tazas (420 g) de yogur semidesnatado de vainilla, ½ taza (125 ml) de leche, 2 cuartos de mango y ¼ taza (60 ml) sirope de agave* claro en una batidora y batimos hasta obtener una mezcla homogénea. Vertemos en moldes para polos y congelamos.

PLÁTANO *y* BAYAS
Introducimos 1 taza (280 g) de yogur semidesnatado de vainilla, ½ taza (125 ml) de leche, 1 plátano, 1 taza (150 g) de arándanos azules frescos o congelados y ¼ taza (90 g) de miel en una batidora y batimos hasta obtener una mezcla homogénea. Vertemos en moldes para polos y congelamos.

FRESA
Introducimos 2 tazas (560 g) de yogur semidesnatado de vainilla y ½ taza (160 g) de mermelada de fresas sin azúcar en un bol y mezclamos bien. Incorporamos ½ taza (65 g) de fresas laminadas finas, vertemos en moldes para polos y congelamos.

HELADO DE PLÁTANO *y* SIROPE DE ARCE

HELADO DE PLÁTANO *y* SIROPE DE ARCE

500 g de plátanos pelados y cortados en trozos pequeños
    (aproximadamente 4 plátanos grandes)
1½ tazas (420 g) de yogur griego natural, bien frío
½ cucharadita de canela en polvo
1 cucharadita de extracto de vainilla
¼ taza (60 ml) de sirope de arce, y más para servir

Colocamos los plátanos en un recipiente apto para el congelador y congelamos 4-5 horas o hasta que los plátanos estén helados. Los introducimos junto con el yogur, la canela, la vainilla y el sirope de arce en una batidora o un robot de cocina y activamos hasta obtener una mezcla homogénea. Vertemos en un recipiente apto para el congelador y congelamos 1-2 horas o hasta que la mezcla esté firme. Rociamos con sirope de arce adicional justo antes de servir. PARA 4 PERSONAS

HIGOS AL HORNO
en CREMA DE SUERO DE LECHE

8 higos frescos, cortados por la mitad
1 cucharada de azúcar lustre (extrafino) para espolvorear
1 cucharada de almidón de maíz
½ taza (125 ml) de leche
1½ tazas (375 ml) de suero de leche
¼ taza (55 g) de azúcar lustre (extrafino) adicional
1 cucharadita de extracto de vainilla

Precalentamos el horno a 200 °C. Engrasamos ligeramente una fuente de horno de 2 litros de capacidad. Colocamos en ella los higos, con la parte cortada hacia arriba, y los espolvoreamos con azúcar. Horneamos 20 minutos o hasta que estén blandos.

Introducimos el almidón de maíz en un bol, añadimos un poco de la leche y batimos hasta obtener una mezcla homogénea. Añadimos la leche restante, el suero de leche, el azúcar adicional y la vainilla, mezclamos bien y vertemos alrededor de los higos. Colocamos la fuente dentro de otra fuente de horno mayor, en la que vertemos agua hirviendo suficiente para que cubra hasta la mitad de los lados de la primera fuente. Reducimos la temperatura a 160°C y horneamos 25 minutos o hasta que la crema esté cocida. Servimos caliente o frío. PARA 8 PERSONAS

Este es el no va más de mis caprichos fríos NO PROHIBIDOS, *gracias al toque especial de los plátanos congelados. Al batirlos adquieren la misma textura* SUAVE *del helado, sin necesidad de añadir nata, leche o azúcar. El resultado te* SORPRENDERÁ.

HIGOS AL HORNO *en* CREMA DE SUERO DE LECHE

TARTAS INDIVIDUALES DE MANGO *y* ALMENDRA

TARTAS INDIVIDUALES DE MANGO *y* ALMENDRA

60 g de mantequilla sin sal, ablandada
1½ tazas (180 g) de harina de almendra
1 cucharada de ralladura fina de limón
1 taza (150 g) de harina con levadura, tamizada
4 huevos
¾ taza (165 g) de azúcar lustre (extrafino)
2 mangos, pelados y cortados en gajos gruesos
azúcar blanco para espolvorear
ricotta batido con vainilla (véase *básicos*, p. 176) para servir

Precalentamos el horno a 160 °C. Introducimos la mantequilla, la harina de almendra, la ralladura de limón, la harina, los huevos y el azúcar en un bol y mezclamos bien. Llevamos la mezcla a 4 moldes de cerámica o fuentes pequeñas de horno ligeramente engrasados, cubrimos con el mango y espolvoreamos con un poco de azúcar. Horneamos 30-35 minutos o hasta que las tartas estén doradas. Servimos calientes con el ricotta batido con vainilla. PARA 4 PERSONAS

COBBLER DE BAYAS VARIADAS

750 g de bayas congeladas variadas
3 manzanas, peladas, sin hueso y picadas
1½ cucharadas de almidón de maíz
⅓ taza (75 g) de azúcar lustre (extrafino)
cubierta de suero de leche dorado
½ taza (75 g) de harina integral* con levadura
½ taza (75 g) de harina con levadura
1 cucharadita de levadura en polvo
⅓ taza (30 g) de copos de avena
1 cucharadita de canela en polvo
¼ taza (30 g) de harina de almendra
½ taza (110 g) de azúcar sin refinar
60 g de mantequilla sin sal, cortada en trocitos
1 taza (250 ml) de suero de leche
azúcar sin refinar adicional para espolvorear

Precalentamos el horno a 180 °C. Introducimos las bayas, la manzana, el almidón de maíz y el azúcar en un bol y mezclamos bien. Llevamos a una fuente de horno de 2,5 litros de capacidad.

Para preparar la cubierta de suero de leche dorado, introducimos las harinas, la levadura en polvo, la avena, la canela, la harina de almendra y el azúcar en un bol. Añadimos la mantequilla y la mezclamos con la yema de los dedos. Agregamos el suero de leche y mezclamos bien. Vertemos la mezcla sobre la fruta con la ayuda de una cuchara, espolvoreamos con al azúcar adicional y horneamos 1 hora y 20 minutos o hasta que el cobbler esté dorado y cocido al comprobarlo con un palillo largo. PARA 6-8 PERSONAS

Esta interpretación del pudin de invierno hace entrar en calor y es GENEROSA, *pero no demasiado sustanciosa. Como el crumble, en el* COBBLER *destaca más su cubierta dorada que su base. He usado harina integral, harina de almendra y suero de leche para darle un toque* MÁS LIGERO.

COBBLER DE BAYAS VARIADAS

BÁSICOS

Este capítulo está lleno de ALTERNATIVAS útiles o de versiones
más ligeras de algunos CONDIMENTOS y guarniciones
básicos que deberías tener a mano en la cocina.
Encontrarás aliños, salsas para mojar y otros ACOMPAÑAMIENTOS
que abarcan todas las comidas, así como técnicas y métodos BÁSICOS
de cocinado de ingredientes básicos, desde el pollo hasta la quinoa,
que te harán MÁS FÁCIL usar este libro.

RICOTTA BATIDO CON VAINILLA

QUESO DE YOGUR

RICOTTA BATIDO *con* VAINILLA

200 g de ricotta
2 cucharadas de sirope de arce
1 cucharadita de extracto de vainilla

Introducimos el ricotta, el sirope de arce y la vainilla en un bol y mezclamos bien. Se conserva hasta 1 semana en un recipiente hermético en la nevera.
PARA 1 TAZA (250 G)

+ *Servida con postres y tartas, es una alternativa espléndida a la nata espesa o al helado. También puedes servirla con tortitas o con crumpets, o incluso para untarla en pan de plátano tostado.*

QUESO DE YOGUR

1 kg de yogur griego natural
1 cucharadita de sal marina en escamas

Mezclamos el yogur y la sal. Colocamos la mezcla en el centro de una muselina limpia y unimos los extremos para dejarla encerrada dentro. Atamos con un hilo de cocina y dejamos colgado sobre un bol en la nevera 8 horas o una noche para escurrir el yogur de modo que adquiera firmeza. Se conserva hasta 1 semana en un recipiente hermético en la nevera. Podemos aromatizar el queso añadiéndole ralladura fina de limón, hierbas aromáticas picadas, pimienta o copos de chile. PARA 2⅓ TAZAS (580 G)

+ *Este queso recibe también el nombre de labneh en Oriente Medio. Puedes servirlo del mismo modo que el feta. Saboréalo con una bandeja de meze, servido con pan plano. También puedes usarlo como ingrediente en una ensalada o en una tortilla.*

YOGUR DE VAINILLA

1 taza (280 g) de yogur griego natural
1 cucharadita de extracto de vainilla
2 cucharadas de sirope de agave* claro o de sirope de arce

Introducimos el yogur, la vainilla y el sirope de agave en un bol y mezclamos bien. Se conserva hasta 1 semana en un recipiente hermético en la nevera.
PARA 1 TAZA (300 G)

+ *Preparar el yogur con sabor a vainilla en casa te permite equilibrar a la perfección el dulzor y el sabor de la vainilla. Sírvelo con granola o muesli para desayunar, cubierto con fruta fresca como tentempié rápido o junto con tartas y postres como alternativa a la nata.*

¿No desearías poder servir alguna vez un POSTRE *sin la pesada nata o helado? Este ricota* BATIDO *y este yogur de vainilla constituyen una alternativa excelente para acompañar pudines, tartas de sirope y otros postres, ¡y sin sentirte culpable, claro!*

YOGUR DE VAINILLA

MAYONESA DE TOFU, LIMA *y* CILANTRO

MAYONESA DE TOFU

300 g tofu sedoso*
1 cucharada de vinagre blanco
1 cucharadita de mostaza de Dijon
sal marina y pimienta negra machacada

Introducimos el tofu, el vinagre, la mostaza, la sal y la pimienta en una
batidora o un robot de cocina y activamos hasta obtener una mezcla
homogénea. Servimos del mismo modo que la mayonesa. Se conserva
en la nevera hasta 10 días o el tiempo de caducidad del tofu que usemos.
PARA 1¼ TAZAS (310 G)

MAYONESA DE TOFU, LIMA *y* CILANTRO

300 g de tofu sedoso*
¼ taza (60 ml) de zumo de lima
⅓ taza de hojas de cilantro
sal marina y pimienta negra machacada

Introducimos el tofu, la lima, el cilantro, la sal y la pimienta en una batidora
o un robot de cocina y activamos hasta obtener una mezcla homogénea.
Servimos del mismo modo que la mayonesa. Se conserva en la nevera hasta
10 días o el tiempo de caducidad del tofu que usemos. PARA 1½ TAZAS (375 G)

QUINOA BÁSICA

1½ tazas (300 g) de quinoa blanca*, lavada
2 tazas (500 ml) de caldo de pollo o de verduras

Introducimos la quinoa y el caldo en un cazo a fuego medio-alto y llevamos
a ebullición. Reducimos el fuego a lento, tapamos el cazo y cocemos
12-14 minutos o hasta que el caldo se haya absorbido y la quinoa esté
tierna. Retiramos del fuego y dejamos reposar 5 minutos. Removemos
con un tenedor para separar los granos y servimos caliente o fría. La quinoa
cocida se conserva hasta 2-3 días en un recipiente hermético en la nevera.
PARA 4 PERSONAS

Que el uso del tofu sedoso para preparar esta MAYONESA *no te disuada; de hecho,
aporta* SUSTANCIA *y una textura cremosa, además de proteínas adicionales,
a este condimento. Úsala en emparedados, en hamburguesas o en aliños de ensalada.
La versión con lima es especialmente* SABROSA.

QUINOA BÁSICA

CREMA DE YOGUR *y* RÁBANO PICANTE

CREMA DE YOGUR *y* RÁBANO PICANTE

⅓ taza (90 g) de yogur griego natural
1 cucharada de rábano picante* recién rallado
1 cucharadita de mostaza de Dijon
sal marina y pimienta negra machacada

Introducimos el yogur, el rábano picante, la mostaza, la sal y la pimienta
en un bol y mezclamos bien. Servimos con carnes a la parrilla, a la brasa
o asadas. PARA ⅓ TAZA (90 G)
+ *Está especialmente deliciosa con ternera asada y es también excelente
para condimentar verduras asadas, para untar en emparedados o para usar
en aliños de ensalada. Pruébala en una ensalada de patatas.*

POLLO ESCALFADO AL LIMÓN

1 litro de caldo de pollo
1 limón, cortado en rodajas
4 ramitas de tomillo limón
1 cucharadita de granos de pimienta
4 pechugas deshuesadas de pollo de 180 g cada una, limpias

Introducimos el caldo, el limón, el tomillo y los granos de pimienta
en una sartén honda a fuego vivo y llevamos a ebullición. Añadimos
el pollo y cocemos 3 minutos. Retiramos del fuego, tapamos la sartén
y dejamos reposar 10 minutos o hasta que el pollo esté cocido.
PARA 4 PERSONAS
+ *Una vez has escalfado el pollo, puedes usarlo en un sinfín de platos.
Desmenuza la carne y utilízala en ensaladas y emparedados, o incluso
en sopas. El pollo escalfado se conserva hasta 2 días en la nevera.*

El pollo ESCALFADO *es increíblemente versátil y es uno de tus mejores amigos
en la cocina. Úsalo en emparedados o córtalo y desmenúzalo para añadirlo
a* ENSALADAS, *pastas, tortillas o sopas. Para obtener un sabor* ASIÁTICO,
puedes escalfar el pollo con citronela, jengibre y chile.

POLLO ESCALFADO AL LIMÓN

ALIÑOS

ALIÑO DE HUMMUS

Introducimos 1 taza (200 g) de garbanzos escurridos, ¼ taza (60 ml) de tahini*, 2 cucharadas de zumo de limón, ½ taza (125 ml) de agua, 1 diente de ajo machacado, una pizca de comino molido, sal y pimienta en una batidora o un robot de cocina y activamos hasta obtener una mezcla homogénea. Se conserva hasta 2 semanas refrigerado. PARA 2 TAZAS (500 ML)

ALIÑO RANCHERO

Mezclamos bien ½ taza (150 g) de mayonesa de huevo light, ½ taza (125 ml) de suero de leche, 1 cucharada de mostaza de Dijon, 2 cucharadas de parmesano rallado fino, ¼ taza de cebollinos picados, 1 cucharada de zumo de limón, sal y pimienta. Se conserva hasta 10 días refrigerado. PARA 1½ TAZAS (375 ML)

ALIÑO DE CILANTRO

Introducimos 1 taza de hojas de cilantro, 2 cebolletas cortadas en rodajas, 1 cucharada de jengibre rallado fino y ¼ taza (60 ml) de mirin* y otra más de vinagre de arroz blanco* en un robot de cocina o una batidora y activamos hasta que esté todo bien triturado. Se conserva hasta 5 días refrigerado. PARA 1½ TAZAS (375 ML)

ALIÑO DE MISO

Mezclamos bien 2 cucharadas de miso blanco*
y 2 más de mirin*, 1 cucharada de vinagre de arroz
blanco* y 1 cucharadita de aceite de sésamo.
Se conserva hasta 10 días refrigerado. PARA 100 ML

ALIÑO DE TAHINI VERDE

Introducimos ⅔ taza (160 ml) de tahini*, ½ taza
(125 ml) de agua, ⅓ taza (80 ml) de zumo de limón,
1 cucharada de vinagre blanco, 2 cucharaditas de
miel, 1½ tazas de hojas de cilantro, 1 taza de hojas
de perejil italiano, 1 diente de ajo machacado, sal
y pimienta en un robot de cocina y activamos hasta
obtener una mezcla homogénea. Se conserva
hasta 2 semanas refrigerado. PARA 2 TAZAS (500 ML)

ALIÑO DE SUERO DE LECHE AL LIMÓN

Mezclamos bien ¾ taza (180 ml) de suero de leche,
2 cucharadas de zumo de limón, 1 cucharadita de
ralladura fina de limón, ¼ taza de hojas de perejil
italiano picadas, sal y pimienta. Se conserva hasta
10 días refrigerado. PARA 1 TAZA (250 ML)

SALSA PARA MOJAR DE CHILE *y* JENGIBRE

SALSA PARA MOJAR DE SOJA *y* SÉSAMO

SALSA PARA MOJAR DE CHILE *y* JENGIBRE

2 cucharadas de jengibre cortado en juliana
1 chile rojo grande, sin semillas y cortado en rodajas finas
⅓ taza (70 g) de azúcar lustre (extrafino)
¼ taza (60 ml) de agua
2 cucharadas de zumo de lima
1 cucharada de salsa de pescado asiática*

Introducimos el jengibre, el chile, el azúcar, el agua, el zumo de lima
y la salsa de pescado asiática en un cazo a fuego medio. Cocemos a fuego
lento 3-5 minutos o hasta que se haya espesado un poco. Dejamos enfriar
antes de servir. PARA 1 TAZA (250 ML)
+ *Sírvelo con rollitos de papel de arroz, como salsa para mojar con dumplings,
como ingrediente de ensaladas asiáticas o para rociar verduras cocidas al vapor.*

SALSA PARA MOJAR DE SOJA *y* SÉSAMO

¼ taza (60 ml) de salsa de soja baja en sal
2 cucharadas de vino* de Shaoxing o de jerez
1 cucharadita de aceite de sésamo
1 cucharada de azúcar lustre (extrafino)
1 cucharadita de jengibre rallado
¼ cucharadita de polvo de cinco especias*
1 cucharadita de semillas de sésamo, tostadas

Introducimos la soja, el vino, el aceite de sésamo, el azúcar, el jengibre,
el polvo de cinco especias y las semillas de sésamo en un cazo a fuego
medio. Cocemos a fuego lento 3-5 minutos o hasta que se haya espesado
un poco. Dejamos enfriar antes de servir. PARA ⅓ TAZA (80 ML)
+ *Sírvelo con rollitos de papel de arroz, como salsa para mojar con dumplings,
como ingrediente de ensaladas asiáticas o para rociar verduras cocidas al vapor.*

RICOTTA *con* LIMÓN *y* MENTA + CHILE *y* PIMIENTA

limón y menta
1½ tazas (300 g) de ricotta semidesnatado
1 cucharada de ralladura fina de limón
1 cucharada de hojas de menta picadas
chile y pimienta
1½ tazas (300 g) de ricotta semidesnatado
¼ cucharadita de copos de chile
¼ cucharadita de pimienta negra machacada

Para preparar el ricotta con limón y menta, introducimos el ricotta,
la ralladura de limón y la menta en un bol y mezclamos bien.

Para preparar el ricotta con chile y pimienta, introducimos el ricotta,
el chile y la pimienta en un bol y mezclamos bien. Se conserva hasta
1 semana en un recipiente hermético en la nevera. PARA 1½ TAZAS (300 G)
+ *Sirve este ricotta untado en una tostada o una bruschetta como tentempié,
incorporado a un plato de pasta o como salsa para mojar con verduras crujientes.
También es una alternativa espléndida a la mantequilla en los emparedados.*

El ricotta es la auténtica estrella de la cocina y queda EXCELENTE tanto en platos dulces como SALADOS. Yo lo he usado en muchos postres, pero también es ideal para tentempiés. Es un LIENZO EN BLANCO para muchos sabores; pruébalo con ralladura de limón, chile o hierbas aromáticas.

RICOTTA *con* LIMÓN *y* MENTA + CHILE *y* PIMIENTA

GLOSARIO *e* ÍNDICE

La mayoría de los INGREDIENTES de este libro pueden adquirirse
en el supermercado, pero si tienes dudas sobre alguno en concreto, consulta
el GLOSARIO. En él están relacionados los ingredientes señalados con un asterisco,
y también dispone de información útil sobre los ingredientes básicos. Contiene asimismo
una práctica lista de MEDIDAS mundiales, temperaturas y CONVERSIONES
frecuentes. Para que sea más fácil encontrar las recetas en el libro, estas aparecen
en el ÍNDICE ordenadas tanto alfabéticamente como por ingrediente y plato.

aceitunas

aceite
El aceite de oliva está catalogado según su sabor, aroma y acidez. El virgen extra, que es el de calidad superior; posee una acidez inferior a 1 grado. El siguiente mejor es el virgen, con una acidez de hasta 1,5 grados, y con un sabor ligeramente más afrutado que el virgen extra. El aceite de oliva suave consiste en una mezcla de aceite de oliva virgen y de aceite de oliva refinado. Es el menos puro en cuanto a calidad y a intensidad del sabor.

negras
Son más maduras y menos saladas que las verdes. Elígelas firmes, con buen color y un sabor afrutado.

tapenade
Pasta elaborada mezclando aceitunas, alcaparras, ajo y anchoas con aceite. Servida como salsa para mojar galletas saladas o para untar bruschettas y pizzas, constituye una marinada estupenda y combina bien con carne fría o con quesos.

verdes
Se recolectan antes de madurar, por lo que poseen una textura más densa que las negras. La variedad siciliana es gorda y afrutada.

acelga
De hojas de color verde oscuro, existe también una variedad de esta verdura parecida a la espinaca con una hermosa tonalidad de ruibarbo.

alcaparras
Botones verdes de la flor del arbusto de este nombre. Pueden adquirirse conservadas en salmuera o en sal. Utiliza estas últimas siempre que sea posible, ya que su textura es más firme y su sabor, superior. Antes de usarlas, lávalas bien, escúrrelas y sécalas con papel absorbente.

almendra, harina de
Conocida también como almendra molida, puede adquirirse en la mayoría de supermercados. Prepárala en casa triturando almendras peladas en un robot de cocina o una batidora hasta obtener una harina fina (de 125 g de almendras se obtiene 1 taza de harina de almendra). Para pelar las almendras, sumérgelas en agua hirviendo y quítales después la piel con los dedos.

anís estrellado
Un pequeño racimo de semillas marrón que tiene forma de estrella. Posee un fuerte sabor anisado y puede usarse entero o molido en platos dulces y salados. Es ideal para caldos maestros o braseados.

azúcar
Extraído en forma de cristales del jugo de la caña de azúcar o la remolacha, se trata de un endulzante, potenciador del sabor, agente voluminizador y conservante.

blanco
Azúcar granulado corriente que se utiliza para hornear cuando no es fundamental obtener una textura ligera. Los cristales son grandes, por lo que hay que batirlo, añadirle líquidos o calentarlo para disolverlo.

glasé
Azúcar granulado, molido muy fino. Suele apelmazarse y hay que tamizarlo antes de usarlo. Utiliza azúcar glasé puro, no el mezclado, que contiene almidón de maíz y necesita más líquido.

lustre (extrafino)
Confiere a los productos horneados una textura ligera y esponjosa, que es importante para muchas tartas y postres ligeros como el merengue. Se disuelve fácilmente.

moreno
Procesado con melaza, se presenta en distintas tonalidades marrones, según la cantidad de melaza añadida, que varía según el país. Esto también afecta al sabor del azúcar y, por tanto, del producto final.

baba ghanoush
Esta cremosa salsa de Oriente Medio hecha con puré de berenjena asada, ajo, zumo de limón, comino y tahini (pasta de sésamo) suele servirse en una bandeja de meze con pan plano, para mojar. Posee un distintivo sabor ahumado.

boniato
Tubérculo largo de pulpa color blanco o naranja. La variedad naranja es más dulce y contiene más agua que la blanca. Ambas se comen asadas, hervidas o en forma de puré.

boquerones
Filetes marinados en vinagre blanco y aceite de oliva, que les confieren un sabor dulce y suave. Son populares como tapas y excelentes para añadir a ensaladas contundentes.

cebada

copos
Cebada cocida al vapor y prensada que se usa para preparar gachas o se añade a alimentos horneados.

perlada
Es una forma de cebada molida y pulida, que suele añadirse a sopas y guisos.

cebolla caramelizada con balsámico
Cebolla cortada en medios aros y rehogada despacio para que libere sus azúcares a la que se añade azúcar moreno y vinagre balsámico a fin de intensificar aún más su sabor. Se vende como condimento en algunos supermercados. pero también puedes prepararla fácilmente en casa.

chermoula
Esta marinada o condimento marroquí está hecha con muchas especias, entre ellas el chile, el comino y el cilantro, así como con cáscara de limón en conserva, ajo y hierbas aromáticas. Suele usarse para aderezar pescado o pollo, o utilizarse para preparar una salsa.

chiles
Hay más de 200 tipos de chile en el mundo. Como regla general, los chiles rojos o verdes largos son más suaves, afrutados y dulces, mientras que los pequeños son mucho más picantes. Quita las placentas y las semillas para que el plato quede más suave.

chipotle
Versión seca y ahumada del jalapeño, con un distintivo grado de picante medio-alto. Estos chiles deben ponerse en remojo antes de usarlos.

cilantro

Esta hierba anual acre es habitual en las cocinas asiática y mexicana. La raíz picada fina se incorpora a veces en las pastas de curry. Las semillas secas, molidas o enteras, son un alimento básico en la India, y uno de los ingredientes básicos del curry. La forma seca no puede sustituir la fresca.

citronela

Hierba alta con aroma a limón que se usa en la cocina asiática, especialmente en la tailandesa. Desecha las hojas exteriores y pica fino el extremo blanco, o añade en trozos grandes durante el cocinado y retira antes de servir. En este segundo caso, machaca los trozos con un cuchillo grande.

coco

crema

Se trata de la crema que asciende a la superficie tras el primer prensado de la leche de coco. Es un líquido sustancioso y dulce, más rico en energía y en grasa que la leche de coco. Ingrediente habitual de los curries y los dulces asiáticos.

leche

Líquido lechoso y dulce, obtenido al poner en remojo la pulpa rallada de coco fresco o seco en agua caliente y colarla usando una muselina o una estopilla para extraer el líquido. Envasada o liofilizada, la leche de coco, que puede encontrarse en los supermercados, no debe confundirse con el jugo de coco, que es un líquido transparente que se obtiene del interior de los cocos verdes y que suele servirse como refresco en Asia.

cuscús

Nombre dado tanto al plato nacional de Argelia, Túnez y Marruecos como a la sémola recubierta de harina de trigo con la que este se prepara.

espelta

Es un cereal antiguo que es más bajo en gluten que el trigo. También posee menos calorías y es más rico en proteínas que la harina corriente. Como los copos de avena, los copos de espelta se suelen usar para preparar gachas.

extracto de vainilla

Para un sabor puro a vainilla, usa un extracto de vainilla de buena calidad (pero no esencia de vainilla ni ningún sucedáneo), o una vaina de vainilla fresca o pasta de vainilla.

estragón

Considerado el rey de las hierbas aromáticas por los franceses, quienes la utilizan en muchas de sus salsas clásicas, como la bearnesa y la tártara. Posee un ligero sabor anisado y combina bien con los huevos revueltos.

farro

Cereal seco parecido a la cebada perlada. Una vez cocido, su textura es dura y tiene sabor a nuez. Lo encontrarás en tiendas de productos italianos y dietéticos.

garbanzos

Esta legumbre, originaria del oeste de Asia y de la otra ribera del Mediterráneo, se usa en sopas y guisos, y es el ingrediente básico del hummus, una salsa para mojar de Oriente Medio. Los secos deben ponerse en remojo antes de cocerlos, pero también pueden comprarse enlatados.

gelatina

En polvo o en hojas, la gelatina es un agente estabilizante que se obtiene a partir de colágeno. Hay que disolverla completamente en un poco de agua fría antes de añadirla a la receta.

germen de trigo

Esta parte del grano de trigo es muy rica en proteínas. Puede añadirse a muffins, tortitas, cereales, yogur, smoothies, galletas y alimentos horneados.

harina

Obtenida a partir de cereales molidos, es el ingrediente principal de panes, tartas y muchos otros productos horneados como galletas, masas, pizzas y empanadas.

almidón de maíz

Si se obtiene a partir de maíz molido, carece de gluten. A menudo se mezcla con agua o con caldo para usarlo como espesante. No hay que confundirlo con la harina de maíz

de arroz

Harina fina obtenida al moler arroz blanco. Utilizada como espesante, para hornear y para rebozar alimentos al preparar platos asiáticos, especialmente los que precisan un acabado crujiente.

con levadura

Obtenida al moler el endospermo del trigo, contiene agentes gasificantes como carbonatos de sodio y fosfatos de calcio. Para prepararla a partir de harina sin levadura, añade 1½ cucharaditas de levadura en polvo por cada 150 g de harina.

harina de linaza, girasol y almendra

Mezcla de linaza, semillas de girasol y almendras en forma de harina molida. Es una fuente excelente de proteínas y fibra, y puede añadirse a los cereales, al yogur y a los alimentos horneados. Se vende en algunos supermercados, pero si no puedes adquirirla, prepárala en casa.

integral

Obtenida al moler o triturar el grano entero del trigo (salvado, germen y endospermo), no se pierde nada al elaborarla. Confiere a los alimentos horneados una consistencia y un sabor únicos. Puede adquirirse en tiendas de productos dietéticos.

sin levadura

Obtenida al moler el endospermo del trigo, esta harina, que tiene múltiples usos, no contiene ningún agente gasificante.

harissa

Pasta roja picante preparada con chile, ajo y especias como el cilantro, la alcaravea y el comino, y usada como condimento en el norte de África. También puede contener tomate. Se vende en tarros y en tubos en supermercados y tiendas especializadas. Anima tajines y platos de cuscús, y puede añadirse a aliños, salsas y marinadas.

hinojo

De sabor ligeramente anisado y textura crujiente, su bulbo es ideal para ensaladas o para carnes o pescados asados. Al asarse, endulza, de modo que combina muy bien con el cerdo asado.

hojas de lima kaffir

Fragantes y con una característica estructura de doble hoja, se usan machacadas o cortadas en juliana en la cocina tailandesa. Pueden comprarse frescas o secas en tiendas de productos asiáticos.

huevos

El tamaño habitual de los huevos usados en las recetas de este libro es de 60 g. Es importante utilizar huevos del tamaño adecuado en una receta, ya que esto afectará al resultado de los alimentos horneados. El volumen correcto es especialmente importante al usar las claras para preparar merengue. Utilízalos a temperatura ambiente para hornear.

jengibre encurtido

Conocido también como gari, este condimento japonés se prepara con jengibre joven encurtido en vinagre y azúcar. Suele servirse con sushi.

jiaozi (empanadillas chinas)

De origen chino, estas hojas de masa finas y cuadradas pueden comprarse frescas o congeladas. Pueden cocerse al vapor o freírse. Rellénalas de carne, verduras y hierbas aromáticas para preparar dumplings para las sopas. Véase también *pasta wanton*.

judías cannellini

Estas judías pequeñas con forma de riñón pueden adquirirse secas o enlatadas en el supermercado. Las secas deben ponerse en remojo en agua una noche antes de cocerlas.

judías de Lima

Estas judías grandes, gordas y blancas, son ideales para sopas, guisos y ensaladas. Disponibles en *delicatessen* y supermercados tanto enlatadas como secas. Las secas deben ponerse en remojo antes de cocinarlas.

kai-lan

Llamado también brócoli chino o col verde china, es una verdura con hojas de color verde oscuro, flores pequeñas y tallos fuertes.

kecap manis

Salsa de soja indonesia endulzada con azúcar de palma, más espesa y dulce que la salsa de soja corriente. Suele utilizarse en salteados y platos de noodles.

lentejas verdinas

Cultivadas en la región francesa de Le Puy, esta pequeña lenteja color verde pizarra conserva su forma durante la cocción y posee un sabor único a pimienta y a nuez. Ideal para ensaladas calientes o frías y para sopas.

limón en conserva

Se trata de limones frotados con sal, envasados, cubiertos con zumo de limón y dejados macerar cuatro semanas. Suelen estar aromatizados con clavo, canela o chile. Desecha la pulpa, y lava y pica la piel para usarla en la cocina. Es habitual en la cocina marroquí, donde se añade a los tajines, y también para preparar un aliño ácido para ensaladas. Se encuentra en *delicatessen* y tiendas especializadas.

linaza

Llamada también semilla de lino, es rica en fibra, antioxidantes y ácidos grasos omega-3. Puede adquirirse en forma de semillas o de aceite en tiendas de productos dietéticos y en algunos supermercados.

mantequilla

Salvo si se indica lo contrario en la receta, tendría que estar a temperatura ambiente para cocinar. No tendría que estar medio derretida ni demasiado blanda, pero debería tener cierta «elasticidad» al presionarla.

masa

filo

Presentada en láminas extremadamente finas, esta masa es popular en Grecia, Turquía y Oriente Medio, especialmente para elaborar dulces

quebrada

Masa salada o dulce que se vende preparada y congelada. Ten siempre en la despensa o prepárala en casa.

½ taza (225 g) de harina sin levadura
125 g de mantequilla, congelada
y cortada en dados
3 yemas de huevo
1 cucharada de agua helada

Introducimos la harina y la mantequilla en un robot de cocinas y activamos de forma breve y repetida hasta obtener una especie de pan rallado. Con el motor en marcha, añadimos las yemas de huevo y el agua y trituramos hasta obtener una masa homogénea. La llevamos a una superficie espolvoreada con un poco de harina y formamos con cuidado una bola. La aplastamos con las manos para convertirla en un disco, cubrimos con papel film y refrigeramos. Al usarla, la estiramos en una superficie espolvoreada con un poco de harina hasta que tenga 3 mm de grosor. Si queremos preparar masa quebrada dulce, añadimos ½ taza (80 g) de azúcar glasé.

mermelada de chile

Condimento tailandés hecho con jengibre, chile, ajo y pasta de gambas, usado en sopas y salteados. Combina bien con carnes asadas, con platos de huevo y con quesos, y suele servirse como guarnición.

mirin

Vino de cocina japonés de color amarillo pálido que se obtiene de arroz glutinoso y alcohol. El dulce se aromatiza con sirope de maíz.

miso

Ingrediente tradicional japonés que se obtiene fermentando arroz, cebada o soja, con sal y un hongo para obtener una pasta espesa. Se usa en salsas y en pastas para untar, para encurtir hortalizas o carnes, e incorporado al dashi, para preparar una sopa de miso. El miso rojo es fuerte, mientras que el miso blanco posee un sabor más delicado. Puede comprarse en supermercados y en tiendas de productos asiáticos.

moldes

Los de aluminio están bien, pero los de acero inoxidable duran más tiempo y no se comban. Hay que medir siempre la base.

cuadrados

Las medidas más corrientes son 18 cm, 20 cm, 22 cm y 24 cm. Si tienes la receta para preparar una tarta en un molde redondo, la norma general consiste en restar 2 cm al tamaño del molde. Por ejemplo, necesitarías un molde cuadrado de 20 cm para una receta pensada para un molde redondo de 22 cm.

desmontables
Las medidas más corrientes son 18 cm, 20 cm, 22 cm y 24 cm. Los redondos de 20 cm y 24 cm son indispensables.

para muffin
Los más corrientes son la bandeja con 12 cavidades de ½ taza (125 ml) de capacidad cada una y la bandeja con 6 cavidades de 1 taza (250 ml) de capacidad cada una. En las bandejas de minimuffins la capacidad de cada cavidad es de 1½ cucharadas soperas. Las bandejas antiadherentes facilitan la extracción, o puedes poner moldes de papel para muffins.

redondos
Las medidas más corrientes son 18 cm, 20 cm, 22 cm y 24 cm. Los de 20 cm y 24 cm son indispensables.

mostaza de Dijon
Esta mostaza pálida, cremosa y de sabor suave se usa habitualmente en las vinagretas.

noodles
Dispón siempre de un surtido de noodles secos en la despensa para platos de última hora. Los frescos se conservan una semana en la nevera. Puedes adquirirlos en supermercados o en tiendas de productos asiáticos.

fideos celofán (hilos de soja)
Son muy finos y casi transparentes. Antes de usarlos, ponlos en remojo en agua hirviendo y escúrrelos bien.

fideos de arroz secos
Estos finos fideos secos son habituales en la cocina del Sudeste asiático. Según su grosor, solo hay que hervirlos brevemente o sumergirlos en agua caliente hasta que se ablanden.

vermicelli de arroz
Muy finos, suelen usarse en sopas, como la laksa, y en ensaladas.

fideos soba
Estos fideos japoneses de color marrón grisáceo están elaborados con harina de alforfón y trigo, y se sirven tanto calientes como fríos.

fideos udon
Estos fideos gruesos de trigo suelen utilizarse en sopas.

nori
Usado sobre todo para preparar los rollitos de sushi o bien desmenuzado para espolvorear ensaladas, es un alga comestible que, una vez tostada, se vende en hojas en tiendas de productos asiáticos.

pan plano
En Oriente Medio los hay de muchos tipos, desde el pide redondo, pequeño o grande, turco, que puede rellenarse, hasta la torta afgana.

panceta italiana (pancetta)
Parecida al prosciutto pero menos salada y con una textura más blanda, se vende en rodajas tras enrollarla y cortarla. Se usa asada a la parrilla hasta que esté crujiente para añadirla a ensaladas, platos de pasta o risottos. También se vende extendida, en lonchas, que puedes cortar en trozos y utilizar como cualquier otro producto curado de cerdo como el speck.

pasta de curry tailandesa
Compra pastas envasadas de buena calidad en las tiendas de productos asiáticos o en el supermercado. Cuando pruebes una marca nueva, es buena idea añadirla poco a poco para probar lo que pica puesto que la intensidad del chile puede variar considerablemente de una marca a otra.

pasta wanton
De origen chino, estas láminas finas de masa de forma cuadrada o redonda pueden adquirirse frescas o congeladas. Se cocinan al vapor o se fríen. Rellénalas de carne y verduras para preparar dumplings para sopas o úsalas como base crujiente para tentempiés. También puedes freírlas en abundante aceite u hornearlas y espolvorearlas con azúcar para comerlas como postre.

pimentón ahumado
A diferencia del pimentón húngaro, o paprika, este posee un intenso sabor ahumado. Se prepara ahumando pimientos molidos y puede ser dulce, agridulce y picante.

pistacho
Delicioso fruto seco verde con cáscara que puede comprarse salado o sin sal. Se usa en la cocina de Oriente Medio así como en ensaladas y en dulces, como el baklava.

polenta
Muy usada en el norte de Italia, esta harina de maíz se cuece en agua a fuego lento hasta que adquiere la consistencia de unas gachas. De esta forma, se enriquece con mantequilla y queso para acompañar platos de carne. Si no, se deja enfriar, se corta en trozos cuadrados y se asa a la parrilla, al horno o se fríe.

polvo de cinco especias
Mezcla de canela, pimienta de Sichuan, anís estrellado, clavo y semillas de hinojo. A la venta en tiendas de productos asiáticos y supermercados.

prosciutto
Jamón italiano que se ha salado y curado dos años. Las lonchas finas se comen crudas o se usan para conferir su sabor característico a braseados y otros platos cocidos. Usado a menudo para envolver higos o melón como entremés.

queso
de cabra
Dado el sabor ácido de la leche de cabra, el queso resultante posee un sabor fuerte y ligeramente ácido. El queso de cabra fresco, llamado también requesón de leche de cabra, es algo más suave y cremoso que el curado. Existen también variedades de queso de cabra duras y blandas.

gruyère
Queso de leche de vaca firme con un interior liso y de color pálido, y una corteza natural cepillada. Habitual en Suiza como queso de mesa y como ingrediente de fondues, gratinados y quiches. Se funde de maravilla, especialmente en emparedados.

halloumi
Queso de oveja blanco y firme, originario de Chipre. De textura fibrosa, suele venderse en salmuera. Puede adquirirse en *delicatessen* y en algunos supermercados. Conserva su forma al asarlo a la parrilla y al freírlo.

labneh

Queso de Oriente Medio elaborado a partir de yogur escurrido de leche de vaca. Véase *queso de yogur*, p. 176.

mozzarella

De origen italiano, es el queso suave de las pizzas, las lasañas y las ensaladas de tomate. Se hace cortando y estirando la cuajada para lograr una consistencia lisa y elástica. La variedad más valorada se prepara con leche de búfala.

parmesano

Queso de vaca duro y granular, muy apreciado en Italia. El Parmigiano reggiano, elaborado en la región de Emilia-Romaña siguiendo normas estrictas con un período de curación medio de dos años, es la variedad «Rolls-Royce». El Grana padano procede principalmente de Lombardía y tiene un período de curación de 15 meses.

ricotta

Queso blanco, finamente granulado y cremoso. Su nombre significa «recocido» en italiano, en referencia a su método de producción, consistente en calentar el suero sobrante de la elaboración de otras variedades de queso. Es fresco, cremoso y bajo en grasa, y también existe una versión semidesnatada, más ligera todavía.

quinoa

Aunque tiene aspecto de cereal, en realidad es una semilla originaria de América del Sur. Rica en proteínas, tiene una textura dura y sabor a nuez, y se vuelve esponjosa al cocerla. La variedad más habitual es la blanca, de sabor suave, mientras que la roja posee un sabor más fuerte y es más crujiente. Puedes usarla del mismo modo que el cuscús o el arroz.

copos

Obtenidos al cocer la quinoa al vapor y prensarla, los copos pueden usarse a modo de cereales para el desayuno, en tortitas o en alimentos horneados. Pueden adquirirse en tiendas de dietética.

rábano picante

Tubérculo acre que libera aceite de mostaza al cortarlo o rallarlo. Se suele vender rallado o en forma de crema. Combina a la perfección con el cerdo y la ternera asada. Puedes comprarlo fresco en las verdulerías o, envasado, en el supermercado.

salvado de avena

Es la cáscara exterior de la avena. Este producto, rico en fibra, puede usarse con los alimentos horneados, los cereales del desayuno o las gachas. Se utiliza en muffins, galletas, tortitas saladas y, con más frecuencia, como alternativa saludable a la harina.

salvado de trigo

Cáscara exterior del trigo, que normalmente se encuentra en los cereales y que puede usarse para preparar muffins. A la venta en tiendas de productos dietéticos.

salsa de pescado asiática

Líquido de color ámbar obtenido a partir de pescado salado y fermentado, que se usa para añadir sabor a platos vietnamitas y tailandeses como los curries, y para aliñar ensaladas. La hay de distintas clases.

salsa XO

Tomada sobre todo como condimento, esta salsa de marisco inventada en Hong Kong, se prepara con vieiras secas picadas gruesas, pescado seco y gambas, cocidos con jamón de Yunnan, chile, cebolla y ajo. Es considerada un manjar en China.

semillas de sésamo

Estas semillitas tienen un fuerte sabor a nuez. Aunque las de sésamo blanco son las más habituales, las de sésamo negro, con cáscara, son populares para los rebozados y para los postres en la cocina asiática. El aceite de sésamo se extrae de las semillas tostadas.

sirope de agave (néctar de agave)

Procedente del género de plantas suculentas de México y Sudamérica, la pulpa de agave se suele usar para elaborar tequila o mezcal, mientras que el sirope se utiliza como endulzante. Parecido a la miel, aunque no tan líquido, el sirope de agave puede sustituir al azúcar en postres y horneados.

sirope de arce

Endulzante obtenido de la savia del arce. Usa sirope de arce auténtico en lugar de sirope de maíz aromatizado, su sucedáneo, cuyo sabor no posee la misma intensidad.

speck

Es una loncha de jamón ahumado y curado al estilo alemán que puedes encontrar en las *delicatessen*. Si no puedes conseguirlo, usa beicon o panceta italiana extendida.

soja negra fermentada

Soja fermentada en sal y especias que se usa como condimento fuerte en salteados y braseados. Es conveniente lavar la soja antes de usarla.

tahini

Pasta espesa de semillas de sésamo molidas. Usada en la cocina de Oriente Medio, puede encontrarse envasada en supermercados y en tiendas de dietética. Se utiliza para preparar el popular hummus para mojar.

tofu

Traducido literalmente por «queso de soja», el tofu se prepara coagulando leche de soja y presionando la cuajada para formar bloques. Los hay de varias clases según la cantidad de humedad eliminada. El tofu sedoso es el más blando, con una textura parecida a la de la crema. El tofu suave es algo más firme, mientras que el firme posee la textura de un queso semiduro como el halloumi, y se corta del mismo modo. Normalmente, se vende en la sección de refrigerados del supermercado.

tomate

salsa de tomate para pasta

Podemos distinguir entre la passata y el sugo. La passata, «pasada» en italiano, se prepara quitando la piel y las semillas de los tomates maduros y pasando la pulpa por un colador para obtener un puré de tomate espeso, sustancioso y pulposo. El sugo se obtiene al triturar los tomates, por lo que tiene algo más de textura que la passata. Ambos pueden adquirirse en el supermercado.

pasta

Puré de tomate triple concentrado que se usa como potenciador del sabor y espesante en sopas, salsas y guisos. También hay versiones bajas en sal.

puré
Tomates envasados en forma de puré (distinto a la pasta de tomate). Pueden sustituirse por tomates pelados, frescos o envasados, en forma de puré.

secados al sol
Trozos de tomate secados con sal, que deshidrata el fruto y concentra el sabor. Se venden así o envasados en aceite. Picados, son ideales para potenciar el sabor a tomate de ensaladas o platos de pasta. También existen variedades semisecas, más carnosas y más jugosas.

tradicional
Variedad cultivada no híbrida de tomate que no se comercializa a gran escala. Se trata de un producto de proximidad que variará según la zona.

tzatziki
Salsa para mojar griega hecha con yogur griego, ajo y pepino picado o rallado, al que a veces se añade eneldo. De venta en supermercados, también puede usarse como salsa para la carne y el marisco asados a la parrilla o servirse como acompañamiento de pasteles salados. Para prepararlo en casa:

1 pepino libanés, rallado
1 taza (280 g) de yogur griego
¼ taza de hojas de menta picadas
1 cucharada de eneldo picado
sal marina y pimienta negra machacada
Extraemos el exceso de líquido del pepino. Introducimos en un bol con el yogur, la menta, el eneldo, la sal, la pimienta y mezclamos bien. Servimos como aliño o salsa.
Se conserva hasta 10 días refrigerado.
Para 1½ tazas (375 g).

vainilla
Las fragantes vainas curadas de esta planta del género de las orquídeas se usan enteras, a menudo abiertas longitudinalmente para rascar las semillitas del interior y añadirlas para dar sabor a la crema y a las recetas a base de nata. Aportan un rico y equilibrado sabor a vainilla. Si no es posible conseguirla, sustituye 1 vaina de vainilla por 1 cucharadita de extracto de vainilla (un líquido oscuro y espeso que no hay que confundir con la esencia de vainilla) o de pasta de vainilla comprada.

vinagre
balsámico
Originario de Módena, en Italia, en el mercado hay muchas variedades de distintas calidades y sabores. Es preferible usar los añejos. También existe vinagre balsámico blanco, más suave, que se utiliza en platos en los que el color es importante.

balsámico blanco
El vinagre balsámico tradicional se elabora con vino tinto, mientras que este se elabora con vino blanco. Su sabor es más suave y menos dulce que la variedad más oscura. Se usa en salsas y aliños cuando no queremos dar color al plato.

blanco
Este habitual vinagre de mesa se obtiene de vino blanco destilado.

de arroz
Hecho con arroz fermentado o con vino de arroz, este vinagre es más suave y dulce que los que se obtienen oxidando alcohol destilado o vino de uva. Puedes adquirir vinagre de arroz blanco (de incoloro a amarillo pálido), negro y rojo en tiendas de productos asiáticos y en algunos supermercados.

de malta
Hecho con cebada para maltear, este vinagre de color marrón claro se usa tradicionalmente para dar sabor al pescado con patatas fritas o chips en el Reino Unido. Es ideal como condimento o para encurtir hortalizas.

de sidra
Normalmente hecho de sidra o de mosto de manzana, posee un tono ámbar y un sabor ácido a manzana. Úsalo en aliños, marinadas y chutneys.

reducción de balsámico
Reducción espesa de vinagre balsámico y azúcar que puede encontrarse en los supermercados.

vino de Shaoxing
Parecido al jerez seco, este vino de cocina chino es una mezcla de arroz glutinoso, mijo, una levadura especial y aguas de los manantiales de Shaoxing, la región del norte de China donde se produce. Puede adquirirse en tiendas de productos asiáticos y algunos supermercados.

wasabi
Pasta japonesa muy picante, parecida al rábano picante, que se usa en la preparación de sushi y como condimento. La encontrarás en tiendas de productos asiáticos y supermercados.

zaatar
Mezcla de especias de Oriente Medio que contiene hierbas aromáticas secas, semillas de sésamo y zumaque. Suele usarse para dotar de una capa crujiente a las carnes asadas a la parrilla o al horno.

zumaque
Las bayas secas del arbusto de este nombre se muelen para obtener un polvo rojo púrpura de sabor ácido, popular en Oriente Medio.

MEDIDAS MUNDIALES

las medidas varían
según los países

LÍQUIDOS Y SÓLIDOS

las tazas y las cucharas para
medir son, junto con la báscula,
aliados excelentes en la cocina.

La medida de tazas y cucharadas puede variar
ligeramente de un país a otro, pero la diferencia
no suele ser suficiente para afectar a una receta.
Todas las tazas y cucharadas de las recetas
son rasas. En este libro se usan las medidas
australianas. Así, una taza equivale a 250 ml,
una cucharadita equivale a 5 ml, y una
cucharada, a 20 ml (4 cucharaditas).

Al medir ingredientes secos, introdúcelos
en la taza y déjala rasa pasando un cuchillo por
el borde. No des golpecitos a la taza ni la agites
para comprimir los ingredientes a no ser que
la receta indique «bien llena».

LÍQUIDOS

taza	Sistema métrico
⅛ taza	30 ml
¼ taza	60 ml
⅓ taza	80 ml
½ taza	125 ml
⅔ taza	160 ml
¾ taza	180 ml
1 taza	250 ml
2 tazas	500 ml
2¼ tazas	560 ml
4 tazas	1 litro

TEMPERATURA DEL HORNO

situar el horno a la temperatura
adecuada es fundamental
a la hora de cocinar

ELÉCTRICO A GAS

celsius	gas
110 °C	¼
130 °C	½
140 °C	1
150 °C	2
170 °C	3
180 °C	4
190 °C	5
200 °C	6
220 °C	7
230 °C	8
240 °C	9
250 °C	10

MANTEQUILLA Y HUEVOS

al elegir productos lácteos
y huevos, «cuanto más fresco,
mejor» tiene que ser tu mantra.

MANTEQUILLA

Para hornear, solemos usarla sin sal, ya que
aporta un sabor más dulce. En cualquier caso,
el impacto es mínimo. La mantequilla salada
dura más tiempo y hay gente que la prefiere.

HUEVOS

Si no se indica lo contrario, usamos huevos
de gallina grandes (60 g). Guárdalos en la
nevera en la huevera en la que los adquieres
para conservarlos frescos. Usa solo huevos
fresquísimos para preparar mayonesas o aliños
en los que este ingrediente se use crudo
o apenas cocido. Ten mucho cuidado si existe
un problema de salmonela en tu comunidad,
especialmente con la comida que vayas a servir
a niños, ancianos o mujeres encintas.

LO MÁS BÁSICO

a continuación encontrarás
la conversión a gramos del peso de
una taza de algunos ingredientes
habituales.

INGREDIENTES HABITUALES

harina de almendra (almendra molida)
1 taza | 120 g
azúcar moreno
1 taza | 175 g
azúcar blanco
1 taza | 220 g
azúcar lustre (extrafino)
1 taza | 220 g
azúcar glasé
1 taza | 160 g
harina con o sin levadura
1 taza | 150 g
pan rallado fresco
1 taza | 70 g
queso parmesano rallado fino
1 taza | 80 g
arroz crudo
1 taza | 200 g
arroz cocido
1 taza | 165 g
cuscús crudo
1 taza | 200 g
pollo, cerdo o ternera cocidos y desmenuzados
1 taza | 160 g
aceitunas
1 taza | 150 g

GRACIAS

Comparado con el esprint continuo que supone una revista bimensual, un libro es como un maratón. Cada año, el equipo que se incorpora para trabajar en él se prepara para una larga distancia. Yo solo puedo escribir recetas cuando hay calma y tranquilidad, por lo que para mí, supone muchas noches largas una vez mis hijos se han acostado y muchos madrugones con cara de sueño. Pero no soy la única, y por eso quiero dar mis más sinceras gracias a las siguientes personas.

Gracias, Chi, por mi precioso nuevo diseño y por las horas pasadas corrigiendo meticulosamente las pruebas. Eres una persona perfeccionista, encantadora y tranquila, y es todo un placer trabajar contigo. Gracias a mi gran amigo William, por sus hermosas fotografías. Eres un auténtico artesano, cuyas obras, siempre correctas técnicamente y preciosas, dan lugar a páginas con imágenes de una belleza asombrosa. Gracias, Hannah, por tu insistencia en hacer que una receta en apariencia imposible no solo funcionara, sino que fuera además fácil de cocinar. Gracias por encarrilar muchos de mis días de estilismo culinario en el estudio.

Gracias a mi correctora de estilo, Mel, por los largos fines de semana de cuidadosa revisión e ingeniosa escritura para dar forma a cada palabra. Al equipo de mi revista, gracias por ser la fuerza especial, creativa e inspiradora que sois. Gracias también a Elke por su inagotable energía y por intervenir cuando era necesario, así como a Holly por proveernos de los bonitos productos para estas páginas. Un agradecimiento enorme también para el equipo de HarperCollins por su apoyo constante.

Estaría perdida sin el apoyo de mis increíbles amigos; ya sabéis quiénes sois. A mi hermana Karen, menos mal que me respaldas. Y, por último, gracias a mis hijos, Angus y Tom, los amores de mi vida.

Gracias a los siguientes proveedores por prestarme sus productos. Design Mode International (Jia, litalla y Höganäs Keramik), Georg Jensen, Jarass (Eva Solo, Holmegaard), MUD Australia, Pure Linen, Ondene, Riedel.

BIOGRAFÍA

A los ochos años, Donna Hay entró en la cocina, tomó un bol y jamás volvió la vista atrás. Más adelante, se introdujo en el mundo de la innovación culinaria y la publicación de revistas gastronómicas, donde creó su estilo característico de estupendas y sencillas recetas de temporada hermosamente elaboradas y fotografiadas.

Se trata de platos para todos los cocineros, para todos los gastrónomos, para todos los días y para todas las ocasiones. Su estilo único la convirtió en un fenómeno internacional en el ámbito de las publicaciones gastronómicas como exitosa autora de 20 libros de cocina, editora de la revista bimensual *donna hay magazine*, columnista semanal para un periódico, diseñadora de artículos del hogar, creadora de una gama de alimentos y propietaria de la tienda donna hay en Sydney, Australia.

Entre los libros de Donna Hay figuran *Simple dinners*, *A cook's guide*, *Fast, fresh, simple*, *Seasons*, *No time to cook*, *De la despensa*, *modern classics*, *instant enterataining*, la colección *Simple essentials* y la serie de cocina *Marie Claire*.

donnahay.com

Encontrarás más información sobre los libros de cocina, las recetas y los artículos del hogar de Donna Hay en *donnahay.com*. También estamos en Facebook y en Twitter.